6, rue Régis – 75006 Paris – 1998
Tél. : 01 42 84 39 57 – Fax : 01 42 84 39 67

Imprimé en France

I.S.B.N. : 2-84197-104-X

David PHILD

Guide pratique de Télépathie à distance

Éditions
TRAJECTOIRE

CHAPITRE I

La Télépathie dans notre vie quotidienne

QU'EST-CE QUE LA TÉLÉPATHIE ?

LA télépathie demeure, dans l'esprit populaire, définie comme la transmission de pensées à distance. Il convient de rectifier, ou plutôt de compléter, une telle définition. On entend généralement par « pensée » un concept abstrait, une idée passant par le domaine de la réflexion. Or, comme nous allons le voir, il s'agit là d'une vision très limitative de la télépathie. La définition la plus complète pourrait être celle-ci : la télépathie est la transmission d'idées, de pensées mais aussi d'émotions, de sensations, d'images, sans que celui qui transmette ait recours au geste ou à la parole. Nous nous élevons d'ailleurs contre l'idée qui consisterait à classer une telle pratique dans les « pouvoirs extra-sensoriels », la télépathie exigeant, au contraire, une exacerbation de nos cinq sens, les informations ne passant pas seulement par le cerveau mais également par le corps. Il existe d'ailleurs un type spécifique de télépathie nommé « télépathie sensorielle » et qui fait directement appel aux sensations physiques. Le grand physicien français Jean

Charon affirme que « non seulement la télépathie existe mais, de plus, sans elle, toute forme de communication serait impossible ». En effet, chacun des mots de la langue française possède de multiples communications. Si notre vis-à-vis ne percevait le sens que nous désirions lui donner, comment pourrait-il être susceptible de nous comprendre ? Lorsqu'il y a méprise systématique sur le sens, le langage populaire dit que « le courant ne passe pas ». L'expression est on ne peut plus juste et traduit bien la complexité du phénomène.

LA TÉLÉPATHIE, MÈRE DE TOUTES LES DISCIPLINES PARAPSYCHOLOGIQUES

Si l'apprentissage (ou plutôt la maîtrise, car nous pratiquons tous, au quotidien, une télépathie non canalisée, de la même manière que monsieur Jourdain faisait de la prose) de la télépathie est essentiel, c'est qu'il s'agit de la discipline de base, celle d'où découlent toutes les sciences parapsychologiques. On a souvent dit la part importante que prenait la télépathie dans les phénomènes de voyance. Cette affirmation mérite cependant quelques réserves. En effet, si percevoir le passé ou le présent d'une personne sans que celle-ci vous en ait rien dit peut se référer à ce phénomène puisque vous avez capté des informations dans son « réservoir psychique », le cas de la perception du futur demeure beaucoup plus litigieux. En effet, il faudrait pour cela admettre de prime abord que nous contenons en nous les informations sur notre futur qu'il serait possible, dans certains états de « conscience modifiée », de capter, théorie qui est loin de faire l'unanimité. Mais, même en acceptant cette hypothèse de base, nous nous heurterions à un obstacle de taille : comment reconnaître la qualité de l'information ? Comment être certains que nous ne nous trouvons pas face à un désir inconscient de la personne, que nous aurions reçu comme un message de l'avenir ? Pour éviter toute confusion, nous ne pouvons que dépasser le cadre de la stricte télépathie. En revanche, il est d'autres domaines qui sont des développements, des excroissances du phénomène télépathique, notamment l'influence à distance et ses deux corollaires, la magie et la sorcellerie.

DE LA TÉLÉPATHIE A LA MAGIE

Cornélius Aggrippa, grand praticien et théoricien de l'occulte, classait le domaine magique en trois secteurs : la magie naturelle, basée sur une connaissance des plantes ou d'énergies naturelles méconnues ; la magie humaine, basée sur la force de volonté de l'opérant, et la magie divine, faisant appel à des dieux ou démons, entités qui ne répondaient qu'à l'appel d'occultistes chevronnés maîtrisant parfaitement les forces invoquées. Le domaine de la « magie humaine », ou de la « force pensée », qu'importe le nom que vous lui donnerez, relève directement d'une forme de télépathie active. Vous projetez votre volonté sur autrui, par des moyens que nous étudierons dans ces cours, dans la mesure où ils ne dépassent pas le cadre que nous nous sommes imposés. En effet, parler ici de magie cérémonielle serait hors de notre propos. Nous ne franchirons donc pas les limites. Le développement de l'énergie créatrice contenue dans la pensée et appliquée à des buts précis s'exerce également sur des événements ne dépendant pas d'une personne particulière. On sait en effet que tout est énergie et des physiciens quantiques audacieux n'ont pas hésité à formuler l'idée que les événements étaient des amas énergétiques préexistants. Comment, dès lors, ne pas envisager que nous puissions entrer télépathiquement en contact avec ces énergies et les amener à éclosion ?

NOUS SOMMES TOUS TÉLÉPATHES

Nous avons dit que nous pratiquions tous la télépathie. C'est vrai à tous les niveaux de notre existence. Nous allons à présent étudier les phénomènes télépathiques les plus courants, qui concernent pratiquement chacun d'entre nous.

Exercices inconscients de télépathie

- 1) Vous pensez fortement ou fréquemment à une personne donnée, cette personne fut-elle hors de votre existence depuis de longs mois et, peu de temps après, en recevez des nouvelles. Certains sont coutumiers du fait mais d'autres ne réalisent ce genre « d'exploits » qu'à une faible fréquence. Nous verrons, tout à l'heure, pourquoi.
- 2) Vous pensez à une phrase et, avant que vous ne l'ayez prononcée, votre vis-à-vis, même s'il est parti sur une conversation sans rapport aucun avec votre propos, énonce les mots que vous avez pensés. Ce genre de phénomène se produit le plus souvent lorsque vous vous trouvez face à quelqu'un avec qui vous avez développé une forte complicité ou avec laquelle « le courant passe bien », de ces personnes avec lesquelles vous vous entendez « à demi-mot ». Encore une fois, le langage populaire atteste de l'omniprésence de la télépathie dans notre vie.
- 3) Vous scrutez la nuque d'une personne qui vous tourne le dos en souhaitant qu'elle se retourne… ce qu'elle ne manque jamais de faire !
- 4) Vous êtes dans un « rêve éveillé ». Dans votre rêverie, les images d'une situation future (professionnelle ou sentimentale) défile sous vos yeux, comme un film dont le moindre détail vous apparaît clairement, comme si vous viviez réellement la situation. Or, surprise, la situation se déroule, un peu plus tard, exactement de la manière dont vous l'avez « imaginé » !

LES CAUSES LES PLUS FRÉQUENTES D'ÉCHECS

Si de tels phénomènes appartiennent au domaine de la télépathie, et si tant est que celle-ci puisse être considérée comme une « science », objecteront sans doute certains lecteurs, autrement dit si l'on part dans l'optique que les mêmes causes engendrent systématiquement les mêmes effets et que de tels cas de figure ne puissent être attribués au pur hasard (nous reviendrons ultérieurement sur cette notion de « hasard »), quel est l'élément responsable, la plupart du temps, de l'échec de telles expériences ? Il m'est effectivement arrivé, continuera le même lecteur, de penser fortement à une personne sans qu'elle me recontacte, d'avoir une idée sans qu'elle ait été formulée par mon interlocuteur avant que je puisse l'évoquer, de scruter la nuque d'une personne sans que celle-ci se retourne…

La réponse à ces questions pourrait tenir en quelques mots : le manque de structure de notre pensée.

Une telle affirmation nécessite explication.

Nos pensées sont souvent floues, imprécises ; nous voulons parfois tout et son contraire ; nous nous laissons envahir par le doute, par des pensées parasites qui perturbent nos facultés émettrices et réceptrices (encore un terme sur lequel nous reviendrons). Bref, nous demeurons « dans le vague ».

L'imagination créatrice, en tant que force active, qui est l'une des qualités majeures de la télépathie, ne doit en aucun cas être confondue avec une rêverie stérile.

De plus, nous pensons trop souvent en mots et pas suffisamment en images. Je n'ai pratiquement jamais rencontré, excepté peut-être chez les personnes exclusivement réceptrices, d'individus émettant des pensées claires, précises, au besoin chiffrées, datées et formulées en « visions », qui n'aient pas atteint leur but.

Un exemple de « flou artistique » dont beaucoup sont coutumiers : la pensée de la richesse.

La notion de richesse diffère d'une personne à l'autre ; de plus, ce qui importe, c'est de savoir quel besoin réel se cache derrière ce mot.

Il existe un type de magie nommé « magie des pactes » ; il s'agit d'un pacte précis et irréfractable que vous passez avec vous-même en vue d'un but précis, que vous marquez noir sur blanc et que vous datez. C'est le manque de précision dans nos désirs qui nous fait si souvent échouer.

Le but de ces cours est précisément de vous permettre d'atteindre à de tels résultats de manière répétitive et systématique.

CHAPITRE II

Apprendre à visualiser

LA CLÉ DE VOÛTE DE LA TÉLÉPATHIE

LA première clé d'une télépathie bien comprise est la visualisation. C'est, en quelque sorte, le pilier, l'axe majeur, la clé de voûte. Apprendre à penser en images n'est pas une évidence pour la plupart d'entre nous. Tentez, par exemple, de créer, dans votre cerveau (vision intra-rétinienne), l'image d'un ami, d'un être que vous aimez.

Vous essayez de recréer son visage et un détail vous échappe dans votre vision globale. N'ai-je pas fait son nez trop gros ? N'est-il pas disproportionné par rapport à sa bouche ? D'ailleurs ai-je correctement dessiné celle-ci ? Et ses mains, sont-elles aussi longues ? Ainsi, alors que vous pensiez avoir capté l'image, celle-ci devient floue car cette particularité vous obsède.

Enfin, vous « mettez la main » sur la part anatomique « indécise » mais, cette fois, c'est le reste du visage qui vous apparaît flou, le nez ou la bouche étant, en revanche, parfaitement dessinés.

Ce genre d'expériences en décourage beaucoup… Parfois, l'ensemble du visage se manifeste derechef à votre esprit mais dès que vous tentez de fixer votre attention sur un point spécifique, le phénomène de flou recommence. Si le novice se heurte à de telles difficultés pour reconstituer un visage et, à fortiori, encore plus lorsqu'il s'agit de la personne « en pied », on peut s'imaginer que reconstituer sur son écran mental un être en mouvement, une action précise dont aucun détail ne lui échappe, relève d'une véritable quête du Graal ! Or, nous l'avons dit, la télépathie ne s'exprime pas essentiellement par des mots, qui seraient directement transférés dans le cerveau de l'autre : nous émettons et recevons en priorité des images et des sensations.

Nous allons d'abord étudier la maîtrise, le contrôle, la canalisation des images avant de nous pencher davantage sur les sensations.

UN DÉTAIL ESSENTIEL : LE DÉCOR ET LA MISE EN SCÈNE

Pour une pratique efficace, il est essentiel que vous appreniez, dans un premier temps, à créer votre propre atmosphère, votre ambiance, votre décor. L'objectif évident d'une telle « mise en scène » est ce que l'on nomme « lâcher prise ».

La visualisation est un acte sacré, non au sens religieux du terme mais parce qu'elle offre une sorte de transcendance de votre quotidien, en vous permettant d'exercer librement la puissance de votre esprit. Vous créez autour de vous les conditions nécessaires pour entrer dans un autre espace-temps et, surtout, une autre dimension de vous-même que vous n'avez jusqu'alors que peu ou prou explorée.

Mircea Elliade parle admirablement de ce « temps sacré » dans lequel les événements se déroulent à des vitesses sensiblement différentes. Les aborigènes australiens évoquent le « temps du rêve ». La pièce dans laquelle vous vous trouvez ne doit plus être celle, ordinaire, où vous accomplissez vos besognes quotidiennes sans quoi elle vous ramènerait invariablement à vos préoccupations journalières, dont vous devez, au contraire, à tout prix vous extraire. Il n'est pas besoin de grand-chose pour constituer une telle atmosphère sinon d'un minimum d'imagination et de sensibilité.

COMMENT CRÉER UNE AMBIANCE PROPICE A LA TÉLÉPATHIE

Voici comment vous devez procéder :

- Débranchez votre téléphone et tamisez les lumières.
- Un éclairage à la bougie, par exemple, sera parfait. Fermez rideaux et volets.
- Faites brûler dans un encensoir, si vous en possédez un (autrement, une simple soucoupe creuse fera l'affaire) de l'encens ou du papier d'Arménie.
- Si vous utilisez de l'encens, faites de préférence l'acquisition de poudres que vous laisserez se consumer sur des charbons prévus à cet effet (la raison majeure en est leur puissance). Si vous n'en trouvez pas, de simples bâtonnets feront très bien l'affaire dans un premier temps.
- Ce qui compte avant toute chose, c'est le soin et l'intensité que vous apportez à la création de votre lieu d'exercice.
- Veillez également à la température. Elle ne doit être ni trop faible ni trop élevée.
- Rien ne doit vous distraire du but que vous vous proposez d'atteindre.

- Si vous possédez un objet sacré, quelle qu'en soit la provenance (vous pouvez également créer un « mandala » sur votre mur à partir des cartes du tarot), qui puisse vous aider à opérer une « déconnexion », placez-le dans votre champ de vision.

Certains, étonnés de ce qu'il faille apporter un tel soin à la mise en scène, se demanderont si celle-ci est réellement nécessaire. Comment, objecteront-ils non sans quelque bon sens, quand un tel décorum s'avère indispensable pour la mise en pratique de la visualisation et de la télépathie, pourrait-on, par la suite, influencer autrui ou capter sa pensée dans une situation quotidienne, où nous nous trouvons face à lui, et par conséquent dans des circonstances ne permettant pas à priori le développement de nos dons ? Nous l'avons dit, un tel argument semble, en apparence, frappé d'un certain bon sens mais nous nous sommes proposés de commencer par l'ABC et non de sauter directement de la lettre A à la lettre Z. Un enfant qui apprend à marcher le fera d'abord dans un cadre intime. Imaginez qu'il veuille, d'office, traverser la rue ou circuler dans un lieu particulièrement fréquenté…

Avant de pouvoir vous exercer dans des endroits offrant toutes les sources de parasitage, de déconcentration et de perturbation nécessaires, vous devez d'abord parvenir à une parfaite maîtrise du phénomène.

Pour cette raison, vous devez mettre de votre côté tous les atouts favorisant votre réussite. Vous obtiendrez ainsi plus aisément des résultats efficaces et rapides. Ensuite, il ne tient qu'à vous d'élargir le cercle en augmentant progressivement la difficulté de vos exercices.

De grâce, ne tentez pas d'office, alors que vous ne contrôlez pas suffisamment les pouvoirs de votre esprit, de faire le grand saut sans filet.

LA VISUALISATION, MODE D'EMPLOI

Voici comment vous devez procéder :

- La visualisation peut s'exercer assis, soit en lotus, soit sur une chaise mais également debout ou couché. C'est cette dernière position que nous vous conseillons dans un premier temps. Peu à peu, vous pourrez pratiquer assis, puis debout.
- Pour ce faire, vous vous allongerez sur votre lit ou disposerez des coussins à terre, de telle manière que vous y jouissiez de tout le confort nécessaire.
- Videz votre esprit de toute pensée relative à votre vie de tous les jours.
- Respirez lentement et profondément.

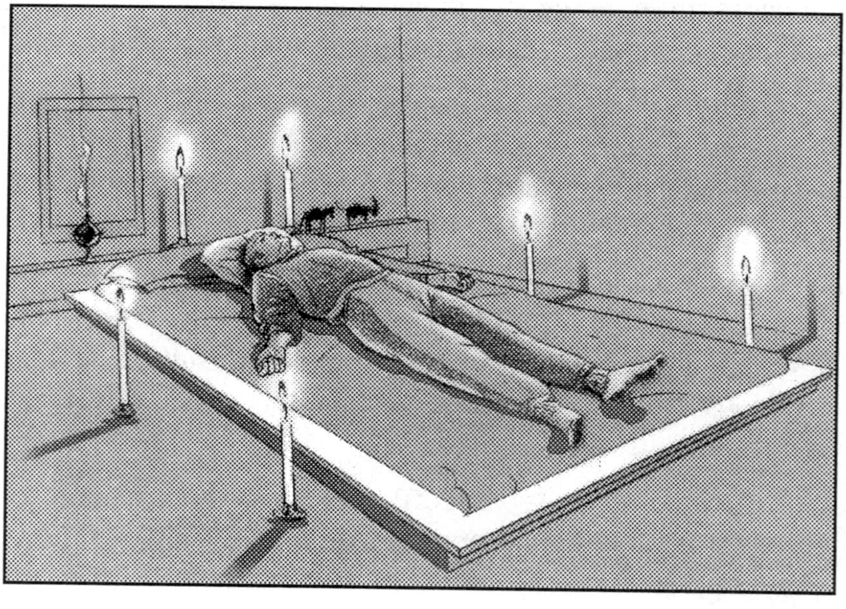

Vous allez commencer par vous intéresser à un objet

- Cet objet doit être assez simple pour ne pas décourager vos efforts initiaux. Vous devez pouvoir le reproduire, sur votre écran mental, le plus précisément possible, tant dans ses contours (le flou, quoique inévitable lors de vos premiers essais, est résolument à bannir de vos expériences) que dans ses détails. Vous le choisirez et l'observerez attentivement avant de vous mettre en position horizontale. Prenez une aiguille, un stylo, une gomme ou un crayon à papier, bref, un objet de forme quasi basique, possédant peu de variations dans sa « morphologie ». Dans un premier temps, votre visualisation s'effectuera en une seule dimension. Prenez l'une des faces de l'objet et imprimez-en toutes les données dans votre esprit : format, configuration, etc.

VISUALISEZ MAINTENANT L'OBJET DANS SON ÉPAISSEUR

Lorsque vous serez persuadé qu'aucun détail ne vous échappe, mettez-vous en position.

- Fermez les yeux. Vous allez reconstituer soigneusement l'objet ainsi observé, en vous appliquant pour que votre image soit le plus conforme possible à la réalité. Cet exercice, au bout d'un certain temps, vous semble un jeu d'enfant ? Fort bien, vous allez augmenter la difficulté en vous attaquant au volume et à la perspective. Cet objet, vous allez à présent l'imaginer dans son épaisseur, le visualiser en trois dimensions en le plaçant sous un angle tel qu'il mette en relief ses divers aspects.

Autant vous avertir (même si le jeu en vaut la chandelle) car de la réussite de cet exercice dépendra celle de pratiques qui peuvent changer votre vie ainsi que votre perception de vous-même et des autres. Les obstacles ne manquent guère.

Signalons-en les principaux :

- 1) Les dimensions de l'objet ne sont pas conformes ou certains détails sont exagérément grossis ou rapetissés. Si seul le volume de l'ensemble varie, mais que les proportions demeurent intactes, ne vous inquiétez pas. Votre vision se réglera au fur et à mesure de vos expériences. Ne cherchez pas à modifier l'image. Attention et vigilance vous permettront de venir aisément à bout de l'effet « miroir déformant ».
- 2) Un petit détail vous échappe et votre attention se cristallise sur cet élément manquant, à tel point que si vous parvenez à le rendre plus précis, l'ensemble, en revanche, devient flou.
- 3) L'image s'efface brusquement. Ne cherchez pas à la recréer. Attendez qu'elle revienne à vous. Ce phénomène est le plus souvent produit par des pensées parasites, quasiment inévitables dans un premier temps. Elles disparaîtront peu à peu, au fur et à mesure d'une expérimentation régulière.

VISUALISER UN ÊTRE HUMAIN

Lorsque vous aurez parfaitement maîtrisé cet exercice – et pas avant –, passez à un objet plus complexe, par exemple une statuette ou une image fixe. Si vous échouez dans cette nouvelle expérience, ne vous découragez pas. Repassez à la première phase ou choisissez un objet contenant moins de détails (une lampe fera très bien l'affaire). Imposez-vous, dès que vous semblez avoir franchi brillamment une étape et que vous réussissez, à coup sûr, de reculer vos limites, tel le jongleur qui, à chaque fois, ajoute un nouvel objet afin de mieux éprouver ses capacités. Ce n'est que lorsque vous serez parvenu au stade où nulle image ne vous posera plus problème quant à sa reproduction sur votre écran mental que vous pourrez vous attaquer à la visualisation d'un être humain.

EXERCEZ VOS FACULTÉS DE MÉMORISATION VISUELLE

Afin de jauger vos capacités de mémorisation visuelle, rien ne vous empêche d'aborder une phase intermédiaire. Cette fois, vous allez opérer en « live », autrement dit dans la rue.

Voici comment vous devez procéder :

- Choisissez un lieu relativement isolé ou soyez discret dans votre attitude afin qu'on ne vous regarde pas de travers. Il ne s'agit pas, ici, d'une quelconque peur du jugement des autres mais plus simplement de vous préserver de toute pensée parasite qui vous soit hostile, ce qui, dans la plupart des cas, perturberait le bon déroulement de l'exercice. Fixez une maison ou un monument. Fermez les yeux et tentez de le reproduire sur votre écran mental.

Attention : dans un premier temps, il n'est pas nécessaire que votre regard embrasse l'ensemble ; votre attention peut se fixer sur une seule partie de cet ensemble.

Vous allez mettre maintenant à l'épreuve votre capacité de visualisation. Dans un premier temps, vous vérifierez que votre image mentale correspond bien à la réalité. Si ce n'est pas le cas, renouvelez l'expérience.

LE MAGNÉTOSCOPE VOUS PERMETTRA DE DÉVELOPPER VOS FACULTÉS DE MÉMORISATION ET DE VISUALISATION

Par la suite, vous pouvez compliquer le jeu en livrant votre intellect à des séries de questions. Par exemple, combien de fenêtres comporte la façade examinée...

C'est là le plus difficile, et nous en sommes conscients, mais il est essentiel que votre cerveau rationnel fonctionne en accord avec ce que l'on pourrait appeler votre « cerveau médiumnique ». Lorsque vous arriverez à examiner dans ses détails une « construction de votre imagination » sans que celle-ci se brouille, vous aurez fait un pas énorme dans l'apprentissage de la télépathie.

Comment vous devez procéder :

Vous possédez un magnétoscope ? Parfait ! Celui-ci va vous servir à perfectionner vos dons.

- Vous avez certainement un film en mémoire, que vous avez vu à plusieurs reprises et que vous croyez connaître par cœur. Procurez-vous en la vidéo. Dans un premier temps, sélectionnez une image qui vous a marqué.
- Appuyez sur la touche pause et mémorisez-en chaque détail. C'est fait ? Bien ! Arrêtez votre magnétoscope pour qu'il ne se remette pas en route prématurément.
- Projetez l'image en question sur votre écran mental, après, bien entendu, vous êtes livré au « processus de ritualisation » pour l'heure nécessaire à une telle catégorie d'exercices.
- L'image doit être nette et précise ; ne vous attachez pas, pour l'instant, à savoir si elle est complète ou non, contentez-vous juste de la maintenir intacte dans tous ses détails.
- Lorsque vous aurez ainsi fixé votre image, appuyez de nouveau sur la touche lecture et revenez à l'original. Mettez de nouveau en pause.

Observez votre écran : votre visualisation est-elle une copie conforme de ce que vous voyez ? Si oui, vous avez parfaitement réussi votre exercice et pouvez tenter d'aborder la phase suivante.

APPRENDRE A VISUALISER UN CORPS EN MOUVEMENT

Si cet exercice s'avère trop compliqué, revenez à l'étape antérieure. Sinon, vous êtes bon pour un nouvel essai. Combien d'essais devrez-vous pratiquer en une seule séance ? Autant que vous en pourrez, afin de vous rapprocher du but, tout en conservant votre calme. Lorsque vous sentez monter en vous agacement, énervement ou simple lassitude, cessez tout entraînement. Cette émotion, en arrière-plan, nuirait à la qualité du résultat final. Mieux vaut reprendre vos exercices lorsque vous serez en forme. Vous n'en serez que plus performant.

Vous allez procéder ainsi :

Quand vous estimerez que votre image est un décalque parfait de celle que vous voyez sur l'écran, vous passerez à un nouveau test de vos compétences : la maîtrise de l'élément gestuel.

- Vous serez bien entendu tenté par le grand saut : reproduire dans le même temps image, gestuelle et son. Mieux vaut, cependant, ne pas anticiper en brûlant les étapes. Un tel exercice, s'il n'est pas fait dans l'ordre que nous préconisons, risque fort de vous décourager. Or, rien de tel que le découragement pour bloquer en vous toute possibilité d'évoluer. Si le son vous gêne et vous déconcentre pour le bon accomplissement de cet exercice, coupez-le purement et simplement. Cette fois, c'est une scène entière que vous allez mémoriser. Sélectionnez une séquence qui ne soit pas d'une longueur excessive.

En procédant de la même manière que précédemment, vous tenterez de visualiser le (ou les) personnage (s) en mouvement.

OBSTACLES PRINCIPAUX... ET MOYENS DE LES CONTOURNER !

La première difficulté qui va s'offrir à vous est la suivante : le personnage principal risque de se détacher du reste. Lui seul est précis mais l'arrière-fond demeure extrêmement flou. Ne vous en souciez pas davantage. C'est parfaitement normal. Le « réglage » de l'image viendra plus tard.

Pourquoi, se demanderont certains, ne pas, en ces circonstances, recommencer l'exercice puisque le résultat est imparfait ?

La raison en est fort simple. Ce flou vous servira plus tard, lorsque vous devrez vous concentrer sur tel ou tel personnage, principalement si vous vous servez d'un support photo. Il deviendra alors nécessaire d'isoler, de mettre en relief la personne sur laquelle vous désirez avoir une influence, de quelque nature que soit celle-ci. Cette particularité prendra encore plus d'importance lorsque vous agirez « en direct ». C'est un point sur lequel nous reviendrons ultérieurement.

ET MAINTENANT... IMAGE ET SON !

Si, au bout de deux semaines d'entraînement quotidien, l'arrière-plan demeure toujours aussi flou, alors – et alors seulement – vous passerez au travail sur le décor. Les prolongements d'un tel exercice consisteront à pouvoir, indifféremment, créer un fond flou ou un fond précis ; de ceci dépendra la réalisation de nombre d'exercices télépathiques.

L'étape suivante est la maîtrise du son. Attention : si vous ne maîtrisez pas totalement la langue d'origine du film, mieux vaut choisir une VF ou un film français.

Voici comment vous devez procéder :

Coupez l'image et laissez défiler la bande son, à laquelle vous devrez être particulièrement attentif.

- Évitez les passages dans lesquels la musique est omniprésente. Cette spécificité, en vous déconcentrant, pourrait rendre vains vos efforts.
- Lorsque vous estimerez être parvenu à saturation, c'est-à-dire au stade au-delà duquel il vous est difficile de mémoriser, qu'importe si ce seuil n'intervient qu'au bout de deux ou trois dialogues (pour repousser ses limites, encore faut-il d'abord les connaître et les accepter), arrêtez votre magnétoscope.
- Fermez de nouveau les yeux.
- Concentrez-vous.
- Chaque phrase, chaque intonation est bien gravée dans votre esprit ? Vous allez les entendre de nouveau dans leur intégrité.

Répétez l'exercice deux ou trois fois. Ensuite, mettez de nouveau en lecture. Les phrases échangées sont-elles exactes ? Les intonations vous paraissent-elles conformes ?

POUR QUE VOS « VISUALISATIONS SONORES » AIENT UN VÉRITABLE IMPACT TÉLÉPATHIQUE

Il se peut qu'une partie des dialogues vous ait échappé ou que les inflexions sonores soient fausses (en fait, nous allons vous révéler là un petit secret de cuisine) : ce sont ces dernières les plus importantes et nous allons voir pourquoi. Votre but n'est pas de rentrer à la Comédie Française mais de maîtriser tous les éléments qui vous permettront de développer les pouvoirs de votre esprit.

Dans une situation « live », ce ne sont pas des paroles déjà dites que vous allez projeter sur l'autre mais celles que vous aimeriez qu'il (elle) prononce... et qu'il (elle) prononcera effectivement lorsque vous serez parvenu à discipliner, en les canalisant vers un but précis, vos pensées. Ainsi, le ton qu'il (elle) utilisera est essentiel de même qu'il est capital que sa voix soit conforme à l'original afin que, mentalement, il (elle) s'entende prononcer ces paroles et éprouve le besoin irrésistible de les dire.

IMAGES, SON ET MOUVEMENT : POUR UNE PROJECTION MENTALE IDÉALE

Lorsque chacune de ces situations pourra aisément être mise en pratique, vous serez en mesure de tenter un travail de « totale mémorisation » : images, son et mouvement. Si les difficultés que vous rencontrez alors vous semblent insurmontables, c'est que vous n'avez pas suffisamment travaillé chacun des degrés que nous avons étudiés et vous êtes contentés de résultats approximatifs. Si « la marge de flou » semble « acceptable » sur l'un des exercices, elle prendra un relief considérable, du fait du cumul, lors d'un tour d'horizon complet. Qu'importe s'il vous faut du temps; travaillez à votre rythme, sans chercher à accélérer prématurément le mouvement.

La faculté télépathique existe chez chacun d'entre nous mais elle fut le plus souvent si longtemps mise en jachère que, tel un muscle qui manque de souplesse et d'entraînement, il vous faudra de la persévérance pour lui faire retrouver toute sa vigueur. Sachez que ce travail de mémorisation, s'il peut vous sembler fastidieux, est néanmoins indispensable à l'exercice de votre volition télépathique. On ne compose pas de grandes symphonies sans avoir bien maîtrisé le solfège.

Un échec répété en ce domaine peut également avoir une tout autre raison : certaines personnes, en effet, sont essentiellement douées pour l'une ou l'autre des facultés : télépathique, émission et réception. Peut-être êtes-vous exclusivement récepteur mais, comme nous le verrons, une telle situation est loin d'être dramatique car elle présente également tout un éventail de possibilités, que nous étudierons une à une. De plus, même si l'apprentissage de l'émission est, dans ce cas précis, plus long et plus fastidieux, il demeure néanmoins possible.

Comment savoir si vous êtes uniquement récepteur ? Nous verrons ce cas de figure plus loin. Partons de la supposition (qui se vérifie pour la plupart des individus, chacun de nous ou presque étant tout à la fois émetteur et récepteur, en des proportions variables il est vrai) que vous ayez réussi brillamment dans la conduite des exercices qui précèdent. Vous allez mettre vos dons à l'épreuve, dans une situation qui n'a plus rien de virtuel mais qui représente un « test » dont l'enjeu n'est pas essentiel.

PREMIER ESSAI EN « DIRECT LIVE »

Il y a certainement, dans vos relations, une personne que vous avez un peu perdu de vue ou dont vous avez égaré les coordonnées et qui, bien qu'elle possède les vôtres, ne vous a jamais recontacté. A moins qu'il ne s'agisse d'une ridicule fâcherie et que ni l'un ni l'autre, par orgueil ou par amour-propre, n'ose faire le premier pas.

Attention : il est capital que vous n'ayez, envers cette personne, aucun type de ressentiment. Tout simplement parce que ce sentiment, même en arrière-fond, sera également perceptible et n'incitera pas cette personne à vous appeler.

Voici comment vous allez procéder :

Isolez-vous et formez nettement l'image de l'absent(e).

- Il (elle) est près de son téléphone.
- Il (elle) le décroche et forme votre numéro.
- Vous devez le (la) voir très nettement appuyer sur chacune des touches.
- Vous captez à présent sa « voix téléphonique ».
- Il (elle) s'annonce ».
- Lorsque vous aurez terminé, respirez très lentement, très profondément puis recommencez l'exercice.

L'image doit être sous-tendue par votre volonté. Cependant, vous ne devez pas faire intervenir le « je » comme dans « je veux ». Il s'agit de situations projetées, non de mots que vous vous répétez.

Cette situation, vous devez avoir conscience de la vivre au présent, et non dans le futur, afin qu'elle garde tout son impact.

C'est au présent, en effet, que doit la ressentir l'autre, de telle manière qu'elle s'impose si fortement) à son esprit qu'elle lui apparaisse comme une évidence et que, presque inconsciemment, elle accomplisse l'acte que vous avez gravé dans son tissu mémoriel.

Qu'importe la distance à laquelle cette personne se trouve ; qu'importe, même, si vous ignorez son lieu actuel d'habitation.

La télépathie ne connaît pas les frontières de l'espace-temps. Ne cherchez pas non plus par quel biais le fait est susceptible de se produire. Contentez-vous de le récréer.

L'EXERCICE DE LA LETTRE

Vous pouvez pratiquer de la même manière avec une lettre, si la personne a des tendances à l'écriture. Visualisez son écriture ainsi que le libellé de la lettre. La lettre que vous recevrez doit être « identifiée ». Ne choisissez, dans les prémices de vos balbutiements, que des enjeux de faible importance. Plus vous évoluerez dans l'art télépathique, plus la marge d'erreur se réduira. Si le résultat compte trop pour vous et que vous échouiez, votre désarroi risque d'être tel que vous jetteriez la télépathie à tous les diables, concluant, à tort, à sa totale inefficience. Considérez, dans un premier temps, ceci comme un jeu. Pratiquez cette visualisation trois jours durant. Si, au terme de cette période, vous n'avez obtenu aucun résultat, même mineur, votre exercice a échoué. Portez votre attention sur une autre personne et, surtout, continuez à travailler assidûment les exercices précédents. Il n'est pas d'obstacle dont ne vienne à bout une persévérance acharnée.

Vous pouvez également tenter l'expérience suivante : observez une personne, de dos, et fixez votre attention sur sa nuque jusqu'à ce qu'elle se tourne vers vous. Ou imaginez-la se levant à la prochaine station : même si ce n'est pas la sienne, il est probable qu'elle le fera, dût-elle se ressaisir ensuite.

Nous allons à présent passer à un domaine méconnu, et néanmoins capital, celui de la « télépathie sensorielle ». À ma connaissance, ce type d'exercices n'est réalisé que dans le cadre de groupes ou de séminaires mais jouit peu ou prou des honneurs des auteurs. Sans doute parce qu'ils ne sont pas passés eux-mêmes par ce type d'expériences et se contentent d'un travail de synthèse, même si certains d'entre eux sont remarquables. De quoi s'agit-il : tout simplement de la transmission d'informations par le seul biais du corps.

CHAPITRE III

La Télépathie sensorielle

PREMIERS EXERCICES DE « TÉLÉPATHIE SENSORIELLE »

LA première étape de la télépathie sensorielle, qu'il convient de savoir maîtriser avant de passer aux phases suivantes, est celle dite du « survol du corps », sorte de tronc commun à la télépathie, à la méditation et à la relaxation. Il importe, pour la pratiquer, ainsi que nous l'avons étudié dans les chapitres précédents, de créer auparavant votre « ambiance rituelle ».

Celle-ci peut tenir à fort peu de choses :

- Quelques bâtons d'encens, cinq ou six bougies ou, à défaut, une lumière plus tamisée, un décorum légèrement différent de votre cadre de vie ordinaire. Il est également essentiel que vous réunissiez toutes les conditions nécessaires au confort de l'exercice.
- Choisissez de préférence des vêtements amples, dans lesquels vous vous sentiez bien, dans des matières naturelles telles que le lin ou le coton.
- Vous pouvez également pratiquer dans une totale nudité.
- Débranchez votre téléphone afin de ne pas être dérangé de manière impromptue. Créez votre propre dimension où votre énergie vibratoire pourra s'exprimer de manière efficace. Veillez à ce que la pièce dans laquelle vous opérez soit agréablement chauffée, sans excès.
- Vous devez pouvoir vous mouvoir ou demeurer dans une parfaite immobilité sans avoir trop chaud ni trop froid.

Voici comment vous allez procéder :

- Étendez-vous sur votre lit ou sur des coussins que vous aurez disposés par terre, dans la position qui vous agrée le mieux, dans laquelle votre corps ne se sente pas gêné.
- Vos bras le long du tronc, légèrement écartés, les pieds de même (à moins, si vous la pratiquez de manière « naturelle », que vous n'adoptiez la « position du lotus »), les paumes ouvertes et de préférence tendues vers le ciel.
- Fermez doucement les yeux et videz votre esprit de toute pensée parasite. Imaginez que votre corps gagne en poids, en densité, qu'il « s'enfonce » dans les coussins ou le matelas. Cette sensation ne tardera pas à se manifester de manière très concrète, très physique. Vous allez encore la perfectionner. Certains noteront que cette sensation de « lourdeur » est commune à la sophrologie et

à l'hypnose, ce qui est tout à fait logique puisque, dans tous ces cas de figure, le cerveau émet des « ondes alpha » desquelles dépendent nombre de phénomènes dits parapsychologiques. Refermons cette parenthèse et étudions la suite de l'exercice.

Vous allez partir du sommet du crâne. Ressentez son poids, sa position dans l'espace. Imprégnez-vous des sensations qui le parcourent. Imaginez que la peau de votre crâne se détende. Descendez le long de vos tempes, des oreilles, des joues, du front, des yeux, de la bouche, du menton, des mâchoires.

UN EXERCICE D'EXPANSION DE LA CONSCIENCE

A chaque halte que vous pratiquerez à votre rythme, c'est-à-dire selon le temps nécessaire à une réelle prise de conscience de chacune des parties de votre corps sur laquelle vous vous projetez, vous procéderez de la même manière que précédemment.

- Vous progressez à présent le long de vos épaules, des bras, des coudes, des avant-bras, des mains.
- Quelles sensations ressentez-vous au bout des doigts ? Quelle est leur position ?
- Remontez à présent. Le long du thorax, du tronc, du ventre, du bassin, du sexe, des jambes, genoux, jusqu'aux pieds.
- Passez alors à la face postérieure, en partant de la nuque.

Dans un premier temps, contentez-vous de cet exercice que l'on pourrait qualifier d'« expansion de la conscience ». Il vous permettra de vous « familiariser » avec votre corps, de le percevoir de manière plus « physique ». Il vous apportera de plus une détente de tout votre organisme et demeure un excellent remède contre le stress.

UNE VARIANTE « SOPHROLOGIQUE »

Une variante sophrologique consiste, après ce survol du corps, de visualiser une énergie lumineuse ou une eau pure et transparente circulant dans chacune des parties de notre anatomie ainsi explorées. Nos travaux vont prendre, cependant, une tout autre direction.

Un mot sur la nature des perceptions susceptibles de se manifester : il se peut que, lors de votre exercice, après lequel vous devez demeurer quelques instants dans un état d'immobilité, de réceptivité, et ne sortir de votre état de conscience modifié que progressivement, vous perceviez des images, des sensations particulières, voire, quelquefois, des phrases entières. Ne cherchez pas à en percevoir le sens ; contentez-vous de les noter.

Elles peuvent avoir des sources fort diverses :

- **1)** Il s'agit de la perception d'un événement en train de se dérouler.
- **2)** Vous êtes confronté à un phénomène prémonitoire qui soit vous concerne personnellement ou une personne qui vous est chère, soit se rapporte à un événement d'ordre plus général, lié à l'actualité. Quel que soit le cas, vous aurez les moyens d'en obtenir rapidement confirmation... ou infirmation, car il n'est pas de science infaillible, surtout quand celle-ci concerne les pouvoirs de notre esprit, donc agit de manière on ne peut plus subjective !
- **3)** Votre inconscient, libéré quelques instants des contraintes de la vie matérielle, s'en donne à cœur joie.

  a) Les images perçues surgissent directement de votre imagination, jusqu'alors mise en jachère.

b) Vous êtes averti, par le biais de symboles, de points sur lesquels vous devez travailler pour évoluer ou de choses dont vous devriez vous occuper. Une direction vous est montrée. Il ne tient qu'à vous de la suivre ou non. Quoi qu'il en soit, vous avez, d'une certaine manière, devancé l'appel télépathique et la suite de notre exercice.

VOTRE PREMIER GRAND DUO TÉLÉPATHIQUE

Cette nouvelle étape se pratique, au minimum, à deux. Installez-vous, si possible, l'une et l'autre dans une pièce différente. Décidez qui sera émetteur et qui sera récepteur ou, pour parler un langage plus « parapsychologique », qui sera l'opérateur ou le percipient.

Voici comment vous allez procéder :

- Cette fois-ci, vous pratiquerez assis, par exemple sur une chaise, à condition, toutefois, que celle-ci soit suffisamment confortable pour ne pas engendrer de mal de dos ou de fessier qui nuirait à votre concentration télépathique.
- L'émetteur choisira un sport qu'il notera sur un bout de papier.
- Après le traditionnel « survol du corps », lequel sera pratiqué indifféremment par les deux parties, l'émetteur va, sur son écran mental, projeter l'image de ce sport, par le biais d'un sportif en action.
- Il est essentiel que l'image soit mobile, même si certains détails demeurent flous.

Votre construction mentale – du moins si c'est vous l'émetteur – devra cependant demeurer le plus cohérente et le plus dense possible.

TRANSMETTRE DES SENSATION

Que va-t-il se passer ? Après quelques minutes d'émission, l'élément récepteur va capter le message, d'une manière ou d'une autre. Ce sera rarement, bien que cela puisse arriver, sous forme directe, c'est-à-dire une image claire se manifestant sur l'écran mental.

La plupart du temps, les manifestations demeureront d'ordre purement physique : sensations s'éveillant dans telle ou telle partie du corps, voire, dans bien des cas, mouvements relatifs au sport projeté. Une telle définition, nous en sommes conscients, peut sembler bien abstraite à celui qui n'a pas pratiqué, ce pourquoi nous allons être plus précis, en nous penchant sur un exemple « live ».

UN EXERCICE PRATICABLE SANS ENTRAÎNEMENT PRÉALABLE

Supposons que l'émetteur envoie au récepteur l'image d'un homme en train de skier. Ce dernier percevra souvent des sensations de froid, de vent sur les deux côtés de son corps, ses mains se serreront comme s'il tenait ses bâtons, ses jambes se mettront en position. Dans certains cas, même, il accomplira les mouvements, soit des bras, soit des jambes, soit des deux à la fois.

Une telle expérience est-elle praticable avec des personnes qui n'ont aucun entraînement préalable, voire sans passer par la case du survol du corps ? La réponse est incontestablement oui, du moins si l'on se fie aux résultats des multiples expériences tentées dans ce domaine.

L'une d'entre elles fut réalisée à la discothèque *Le Stirwen*, à Carnac, laquelle discothèque est le fief du chanteur Alain Barrière. Rien ne semblait prédisposer les participants à réaliser une expérience concluante en ce sens. Tout le monde avait beaucoup dansé et bu. La musique avait martelé à fond de train. Voilà en quoi consistait l'exercice.

Quelques volontaires étaient désignés pour être récepteurs. On les asseyait sur une chaise, à une extrémité de la salle, les yeux bandés, le dos tourné à un grand écran blanc qui les surplombait. Une fois qu'ils étaient estimés « opérationnels », on demandait au public de se concentrer et de visualiser en mouvement l'image fixe qui allait être projetée sur l'écran. Quatre des six récepteurs accomplirent les mouvements relatifs à ce sport. Les deux autres ressentirent des sensations diverses et sentaient dans leurs bras des velléités de mouvements.

NE CHERCHEZ SURTOUT PAS A « INTERPRÉTER » LES MESSAGES REÇUS !

Il est essentiel, principalement pour les esprits très imaginatifs (les voyants appellent l'imagination « la folle du logis » car, si nous lui cédons trop, elle risque de nous égarer sur de fausses pistes) de ne pas chercher à interpréter ce que nous ressentons mais de vous contenter d'en prendre note. Si l'expérience ne vous a pas semblé concluante, et même si c'est le cas d'ailleurs, recommencez en inversant les rôles : celui qui projetait l'image va se retrouver dans la peau de celui qui la perçoit. Les résultats vous semblent-ils trop prononcés ? Si oui, cela indique que la part réceptive et émettrice de chacun est plus prononcée et que la balance penche dans un sens précis.

Si les résultats sont quasiment identiques dans l'intensité et la qualité de la perception, c'est que chacun est également émetteur et récepteur. Cette notion de « télépathie sensorielle » est capitale pour la projection de votre volonté.

Pourquoi ? Parce que si l'énergie que vous envoyez ne demeurait qu'au niveau de l'esprit, et qu'elle ne se traduise guère également par le biais des sensations, vous en seriez en quelque sorte « pour vos frais ».

Car il existe une grande différence entre penser à quelque chose et « passer à l'acte ».

LIMITES ET POSSIBILITÉS DE LA TÉLÉPATHIE

Par l'intermédiaire de la télépathie sensorielle, vous donnerez à une personne l'envie irrésistible d'accomplir le geste que vous désirez au plus profond de vous-même… à condition qu'elle y soit réceptive.

Certains barrages mentaux sont particulièrement difficiles à franchir et il est important que le germe, le terrain de l'acte préexiste.

Cela n'a nulle importance lorsqu'il s'agit d'un acte « anodin », comme se faire retourner une personne ou lui donner envie de descendre à telle ou telle station.

L'opération est plus délicate quand il s'agit d'un geste qui engage d'une certaine manière la personne, que ce soit sur le plan professionnel ou sentimental.

Aussi, entraînez-vous sur des sujets sans importance.

LA TÉLÉPATHIE DANS UN LIEU PUBLIC

Voici comment vous allez procéder :

Vous vous trouvez au restaurant avec un ou plusieurs amis.

- Tout en regardant le menu, entendez l'une des personnes en présence énoncer clairement son choix , celui que vous aurez préalablement décidé, bien sûr.
- Mieux encore : visualisez-le en train de dévorer goulûment, avec un plaisir certain, le plat que vous projetez dans son esprit.

Pour que l'expérience soit significative, vous devrez la reproduire le plus souvent possible afin que vos résultats portent sur un certain nombre d'exercices.

Vous testerez ainsi sans dommage vos dons dans un cadre moins intime que celui de votre appartement. En effet, même celui qui réussira pleinement, avec un taux de réussite maximal, les plus ardues des visualisations dans le privé aura parfois du mal à les appliquer dans la réalité, le bruit nuisant à sa concentration. Or si la transmission à distance est, dans bien des cas, des plus efficaces, il est des situations où, après une sorte de prédécoupage, de story-board de ce que nous désirons vivre, la touche finale ne peut être apportée que par une expérience en direct.

PASSER D'UNE APPROCHE VISUELLE A UNE APPROCHE SENSORIELLE

Supposons, par exemple, une situation amoureuse en gestation. Par vos projections, vous avez en quelque sorte prédisposé à l'écoute, à l'ouverture votre future conquête. Toutefois, pour que la situation se décante dans le sens que vous l'avez imaginé, il est essentiel que vous paracheviez votre œuvre en projetant en « live » votre désir, qui aura alors toutes les chances de se réaliser.

Si vous avez respecté chacune des phases que nous avons préconisées, vous êtes à présent non seulement capable de percevoir et de transmettre en mots ou en images mais également de communiquer des sensations à autrui.

Sans doute certains lecteurs objecteront-ils que l'émetteur n'a fait que transmettre une image, laquelle s'est répercutée en sensations physiques chez l'élément récepteur.

C'est on ne peut plus exact; c'est pourquoi nous allons nous pencher sur un exercice ne mettant en cause que la seule sensation dermique, le contact d'un objet avec la peau.

Il est probable que cet exercice nécessite quelque entraînement de votre part, même si certains sujets, plus doués que d'autres, y parviennent dès leur ballon d'essai. Si ce n'est pas votre cas, ne cherchez pas à forcer les choses, à accélérer le rythme d'une manière qui ne vous corresponde pas : vous ne feriez qu'altérer la qualité de vos résultats et finiriez par vous décourager.

Chacun possède sa propre vitesse d'exécution ; l'essentiel n'est pas que vous vous montriez de prime abord prodige – même dans ce cas, un travail sur soi et sur les éléments en jeu est nécessaire afin de ne pas céder à un sentiment de triomphe qui amènerait à des imprudences et, par voie de conséquence, à des échecs – mais que vous appreniez, selon votre propre rapidité d'assimilation, à maîtriser le plus parfaitement possible l'outil télépathique. Si cet exercice présente quelques difficultés d'abord, c'est que nous sommes peu habitués, en règle générale, à décrire les objets sous l'angle de notre perception physique, lui préférant souvent une description visuelle. La première phase de l'exercice consistera donc à nous familiariser avec cet aspect.

Voici comment vous allez procéder :

- Prenez un objet dans vos mains, n'importe lequel, le plus simple sera le mieux. Touchez-le, éprouvez les sensations qu'il vous communique. Est-il chaud ? Froid ? Rugueux ? Lisse ? Prenez également conscience de sa forme, de son volume. Notez chacune de vos impressions sur un cahier.
- Passez à des objets de plus en plus complexes. Il n'est pas nécessaire que l'exercice dure des heures et des heures. Quelques minutes par jour suffiront. Vous voyez qu'il n'y a là rien de particulièrement contraignant. Au bout d'une ou deux semaines, revenez à l'objet par lequel vous avez commencé puis comparez vos notations.

Votre « commentaire » s'est-il enrichi de sensations nouvelles, que vous n'aviez pas saisies au premier abord ou auxquelles vous n'aviez tout simplement pas pensé ? Il est fort probable que ce soit le cas, ce qui indique une progression dans votre perception tactile du monde, mode de perception propre à l'enfance et que nous avons, pour la plupart, occulté au profit d'un autre uniquement visuel.

PERCEVOIR UN OBJET A DISTANCE

La seconde phase de cet exercice nécessite la participation d'une tierce personne. Celle-ci, placée dans une autre pièce, va prendre entre ses mains l'objet qu'elle aura choisi, en concentrant sur lui toute son attention.

Voici comment vous allez procéder :

- En position debout, bras et jambes légèrement écartées, paumes ouvertes, vous allez pratiquer un rapide survol du corps. Après avoir effectué ce dernier, écartez vos mains, tournées vers l'intérieur, à environ une dizaine de centimètres l'une de l'autre. Imaginez un brouillard de couleur mauve ou violette venant remplir cet espace. Bougez vos mains comme si vous teniez entre vos doigts une sphère.

Lorsque vous sentirez ladite sphère prendre une certaine densité, explorez-en l'intérieur, comme si vous fouilliez, à la recherche de quelque chose.

- Vos doigts, du moins si vous avez mené l'exercice à son terme naturel, cerneront peu à peu la forme projetée dont ils éprouveront les contours, la forme, la matière. Vous noterez chacune des informations collectées de cette manière. Vous les transmettrez ensuite à votre partenaire et pourrez ainsi tester la qualité de vos renseignements.

IL N'EST NUL OBSTACLE DONT UN TRAVAIL RIGOUREUX ET RÉGULIER NE PUISSE VENIR A BOUT...

Il est possible que l'émetteur, peu habitué à la « psycho-tactile » (ainsi se nomme cette science), objecte un déni à chacune de vos notes.

Vérifiez le bien-fondé de ses objections – ou leur inanité – en prenant l'objet en main, comparant vos sensations directes à celles que vous avez de façon médiumnique et télépathiquement ressenties. Certains parviennent, dès les premiers essais, à des résultats concluants.

Ce genre d'exercices, en effet, est pratiqué de manière extrêmement probante, par des novices, notamment dans les groupes parapsychologiques de Raymond Réant. Ils permettent de se familiariser au monde des perceptions dites « extra-sensorielles ».

Si ce n'est pas votre cas, ne vous affolez pas : Rome ne s'est pas faite en un jour. Il n'est nul obstacle dont un apprentissage rigoureux et régulier ne puisse venir à bout.

Répétez ce genre d'exercice (qui peut également s'effectuer à distance) le plus souvent possible jusqu'à ce que la qualité de vos résultats soit à la mesure de vos espérances.

CHAPITRE IV

Développez votre volonté

L'UN des écueils les plus fréquents que puisse trouver sur son chemin, parfois semé d'embûches, l'apprenti-télépathe, est celui du développement et la canalisation de son magnétisme personnel.

L'objection, que reprennent en chœur nombre de détracteurs et de sceptiques, est celle-ci : si notre pensée induit des changements au niveau des événements, pourquoi nos espérances ne se réalisent-elles pas de manière quasi systématique ? Pourquoi certaines prières demeurent-elles sans effet ? La réponse en est fort simple et pourrait se résumer en un seul mot : le manque de volonté.

En effet, nos désirs sont souvent trop flous ou trop contradictoires pour pouvoir se réaliser. Ils ne sont portés ni par un état de conscience modifié (atteint, dans les prémices, par une ritualisation) ni par une force volitive suffisante pour pouvoir être projetée avec efficacité.

Beaucoup d'entre nous ont pu constater que ce que nous avions projeté au cours de longues rêveries ne se produit que bien plus tard, lorsque nos besoins ont changé. Ici, c'est la répétition qui donne sa force à l'image projetée mais, n'étant pas canalisée de manière assez précise, par manque de densité, l'événement ne se produit pas au moment ad hoc, c'est-à-dire celui où nous l'espérons. Tous les exercices que nous allons vous proposer visent donc à suractiver ces deux pôles essentiels : la force volitive et sa canalisation sans lesquelles nulle projection télépathique efficace ne pourra jamais être envisagée.

LE LIEN ENTRE TÉLÉPATHIE ET MAGIE

Le mage Cornélius Agrippa différenciait, dans ses ouvrages :

- La magie naturelle, dont la base est constituée par une connaissance parfaite des vertus des plantes et le sommet par une utilisation des forces, souvent méconnues, à l'œuvre dans la Nature.
- La magie humaine, basée sur l'utilisation de sa propre force volitive et des pouvoirs créateurs de la pensée.
- Enfin, la magie divine, qui requiert invocations, incantations à des forces supérieures ou à des créatures de l'astral.

En un certain sens, on peut affirmer que la télépathie est l'un des nombreux sous-ensembles du domaine de la magie humaine.

POURQUOI ALCOOL ET CIGARETTE PEUVENT NUIRE A VOS PROJECTIONS

Si certains occultistes considèrent que boire ou fumer régulièrement peut être nuisible à une réalisation spirituelle, ce n'est pas, comme beaucoup de parapsychologues, soucieux de moralisation, l'affirment, parce qu'un tel acte « perturbe les énergies » ou « nous coupe du monde astral ».

Les rites du tabac, chez les Indiens d'Amérique du Nord ou les Chamanes sibériens, nous démontrent explicitement le contraire.

La raison en est, en fait, beaucoup plus pratique et ne doit pas beaucoup à ce type de superstitions pseudo-rationnelles.

Être soumis à une drogue, quelle qu'en soit la nature, témoigne d'un évident manque de volonté.

Comment pourrions-nous, en étant « accrocs », discipliner, d'une manière ou d'une autre, notre énergie volitive et la canaliser correctement, c'est-à-dire de manière à ce qu'elle soit efficiente ?

L'apparente simplicité des moyens utilisés ne doit pas vous tromper : les exercices que nous préconisons, et dont Jagot fut l'un des chantres, sont bien plus complexes qu'il ne semble de prime abord.

PREMIER EXERCICE PRATIQUE DE DÉVELOPPEMENT DE LA VOLONTÉ

Voici comment vous allez procéder :

Cet exercice combine tout à la fois développement de la volonté et pratique de la télépathie.

- Vous venez de recevoir votre courrier du matin.
- Éliminez factures et publicités pour ne concentrer votre attention que sur les lettres émanant de particuliers.
- Ne regardez pas le cachet, qui vous en indiquerait la provenance.
- Prenez l'enveloppe entre vos mains.
- Fermez les yeux, videz votre esprit de toute forme de pensée parasite.

Toute votre attention doit se porter sur le contenu de la lettre. De qui émane-t-elle et que dit-elle en substance ? Laissez les images, les sensations vous envahir, sans tenter de les analyser. Contentez-vous de noter, d'enregistrer tout ce que vous pourrez percevoir. Ne cherchez pas non plus à forcer les barrières si vous ne captez rien de particulier ou à laisser cavaler votre imagination. Si, au bout de cinq à dix minutes, vous ne ressentez rien de particulier, abandonnez.

RENFORCER LES EFFETS DE L'EXERCICE PRÉCÉDENT

L'opération, réitérée, finira par être positive. Lorsque vous aurez franchi, avec plus ou moins de succès – peu importe d'ailleurs…– cette première étape, laissez reposer votre lettre jusqu'au soir et vaquez à vos occupations.

Enfantin, direz-vous… mais, mis au pied du mur, vous pourrez constater qu'il n'en est rien. Vous devrez résister tout d'abord à votre curiosité immédiate. Par la suite, il est probable que vous soyez perturbé par la pensée de cette missive dont vous ignorez le contenu, vous demandant de quoi il peut bien s'agir. Il va de soi que moins vous penserez à votre lettre, plus votre exercice aura de valeur. Ne songez pas y parvenir du premier coup ; résister à la tentation n'est guère dans nos habitudes.

Le soir venu, quoi qu'il en soit, vous serez en mesure de comparer vos éventuelles informations et celles contenues dans votre courrier.

Ne vous contentez pas uniquement de noter vos erreurs, auquel cas vous ne progresserez pas, obsédé par un complexe d'échec.

NE VOUS CONTENTEZ PAS DE RÉPERTORIER VOS ERREURS… NOTEZ EN PREMIER LIEU LES POINTS POSITIFS DE VOTRE RECHERCHE

Il est plus que probable que vous vous trompiez de manière globale mais que certains détails soient rigoureusement exacts, des détails qu'il vous aurait été difficile d'inventer.

Vous avez noté que la lettre venait de Lydia, et qu'elle arrivait de Montpellier, laquelle Lydia vous écrivait qu'elle devait se rendre bientôt en Espagne. La lettre émane de Francis mais elle vient bien de Montpellier. Il ne doit pas se rendre en Espagne mais au pays Basque. Votre lettre contient donc une information exacte (la lettre vient de Montpellier) et une autre qui, géographiquement parlant, approche de près la vérité. En résumé : une vérité et une approximation.

Ce sont les points positifs qu'il conviendra de noter afin de mesurer l'ampleur du travail qu'il vous reste à accomplir. Vous pouvez également, si vous vous en sentez le courage, prolonger l'épreuve et n'ouvrir la lettre que le surlendemain. Mais en êtes-vous capable ? L'épreuve du courrier semble à priori anodine mais demeure à fortiori l'un des plus riches exemples d'exercice de la volonté.

Vous constaterez, au bout d'un certain nombre d'expériences, que celles-ci ne représentent plus pour vous une difficulté et que vous pouvez vous y livrer sans être en permanence sur des charbons ardents. Cette constatation s'accompagne souvent d'une sensation de bien-être et de force intérieure.

SECOND EXERCICE PRATIQUE DE MAITRISE DE LA VOLONTÉ

Discipliner vos pulsions premières est, en quelque sorte, une condition sine qua non de l'expression de votre force volitive, que vous désiriez projeter celle-ci dans un but particulier ou seulement acquérir davantage de densité, affirmer davantage votre personnalité et faire de vous une personne qu'on remarque.

Voici comment vous allez procéder :

- Vous venez de recevoir une excellente nouvelle et mourez d'envie de décrocher votre téléphone pour la communiquer au monde entier (ou peu s'en faut) ? N'en faites rien ! Vous en abstenir va vous permettre de travailler sur deux plans dont la maîtrise demeure indispensable à la pratique de la télépathie. Tout d'abord, l'exercice de votre force volitive, ensuite la canalisation de celle-ci.

Encore une fois, ne vous leurrez pas : dans un premier temps, vous allez vivre un véritable supplice de Tantale, regardant votre montre ou votre pendule avec régularité, vous trouvant dans la quasi-impossibilité de ne pas mesurer le temps avec impatience.

Vous vous occuperez d'une tâche que vous vous serez assignée, en évitant de penser à ce qui demeure le centre de vos préoccupations : votre faculté de résistance et les limites de votre volonté. Il est néanmoins important que vous en preniez conscience afin de mieux les dépasser dans un second temps.

AVEZ-VOUS RÉELLEMENT RÉUSSI L'EXERCICE ?

Le degré de réussite de l'exercice se mesurera à l'aune de plusieurs critères :

- 1) Avez-vous su résister à la tentation de regarder l'heure en permanence ? Combien de fois votre attention s'est-elle portée vers votre montre ou pendule ?
- 2) Êtes-vous parvenu à réaliser correctement la tâche que vous vous étiez imposée ? Vous trouviez-vous, durant toute la durée de l'exercice, dans l'incapacité chronique de vous concentrer sur tout autre chose que la nouvelle que vous veniez d'apprendre ?
- 3) Combien de temps avez-vous résisté à la tentation de communiquer la bonne nouvelle ?

Ne vous inquiétez pas. Peu à peu, vous améliorerez vos performances initiales. Si cette méthode a son importance dans l'exercice de la télépathie, c'est parce qu'elle vous permettra d'éviter l'inconvénient auquel nous sommes tous confrontés et qui bloque la réalisation de nos aspirations les plus profondes : la dispersion des énergies.

Lorsque vous parviendrez à utiliser la force que distille en vous une nouvelle positive pour accomplir autre chose, vous aurez fait un grand pas en avant dans la maîtrise de vos ondes mentales.

Par la suite, si vous désirez franchir un nouveau seuil, accroître vos possibilités, prolongez le délai d'origine. A condition, toutefois, que de la communication immédiate de la nouvelle reçue ne dépende pas quelque chose d'important.

Pourriez-vous demeurer un jour entier ? Deux ? Trois sans vous précipiter sur votre téléphone ? Si oui, c'est que vous avez acquis une maîtrise exceptionnelle de vos émotions, qui va vous permettre de passer vigoureusement à l'acte.

Cet exercice est particulièrement recommandé aux personnes qui, si elles ont su développer leur puissance intuitive et être un parfait récepteur, échouent la plupart du temps dans la phase de projection, n'ayant pas su se réaliser à travers leurs facultés émettrices. Dans la même optique, apprenez à différer vos désirs, à ne pas leur donner de satisfaction immédiate.

Au début, vous en éprouverez un sentiment aigu de frustration et vous ne tarderez pas à vous rendre compte que, loin de constituer un appauvrissement, cette technique vous aide à vous construire intérieurement et à acquérir une force spirituelle.

Autour de vous, il est probable que vos amis vous trouvent davantage « posé », harmonieux, en accord avec le monde qui vous entoure. Vous ressentirez vous-même une sensation de plénitude, d'ouverture, d'énergie.

APPRENDRE A CONDENSER VOS ÉNERGIES

Toute concentration passe nécessairement par une forme d'autodiscipline de nos énergies vitales. Certes, la communication, lorsqu'elle ne demeure pas strictement unilatérale (beaucoup d'entre nous monologuent, la plupart du temps sans même s'en apercevoir), est susceptible de nous enrichir et de développer notre force spirituelle. Encore faut-il qu'il s'agisse d'un véritable échange, qui se répercute également sur les plans subtils.

Combien de temps gâchons-nous en paroles inutiles, essentiellement destinées à rompre une sensation d'isolement, de solitude, qui semble inhérente aux sociétés modernes ? La plupart du temps, nous disséminons à tous vents des énergies qui pourraient être utilisées dans un sens plus constructif.

La maîtrise de la parole fait également partie intégrante de l'expression de la volonté et du magnétisme personnel et, par voie de conséquence, de la télépathie dont ils sont, en quelque sorte, les corollaires.

Avez-vous remarqué que les personnes qui attirent, de même que les meneurs d'hommes, ceux et celles que l'on suivrait jusqu'au bout du monde, qui sont écoutés et parfois même idolâtrés, pour lesquels on se « jetterait dans les flammes », se caractérisent la plupart du temps par un usage sobre et concis des mots, ne se prononçant qu'à bon escient ?

Dans certaines sociétés secrètes, l'adepte n'est jugé apte à prendre la parole qu'au bout d'une année pleine, pendant laquelle il s'est contenté d'écouter. Faites-vous partie de ces personnes qui doivent, de manière régulière, aller vers les autres ? Ou sont-ce les autres qui viennent vers vous ?

LA MAÎTRISE DE LA PAROLE : UN PLUS POUR LA TÉLÉPATHIE

Voici comment vous allez procéder :

- Si vous en avez la possibilité (une situation de couple peut rendre difficile, voire invivable, ce type de situation), consacrez un jour entier à vous taire.
- Ne recherchez pas la compagnie des autres.
- Isolez-vous.
- Résistez à la tentation de vous épancher, que ce fut sur papier ou par voie téléphonique. Pas si facile, n'est-ce pas ? Le plus complexe reste à venir.
- Le lendemain de ce jour de silence, l'envie de parler vous démangera. Quitte à en être résolument insupportable, vous risquez de submerger vos vis-à-vis qui, bientôt, n'ignoreront rien de vos pensées, de vos désirs, et sauront votre existence presque dans le moindre détail.
- Résistez à l'appel des sirènes de la parlotte et ne parlez qu'à bon escient, dominant votre désir premier.

Décidez, par exemple, de ne jamais prendre, lors de cette journée révélatrice, la parole de prime abord.

Attendez qu'on vous sollicite pour cela. Il est inutile alors de vous épancher.

Acharnez-vous à être concis et précis.

Bien sûr, ce changement d'attitude sera susceptible de surprendre mais il est probable que nul n'ose vous en faire directement grief.

APPRENDRE A MIEUX FORMULER VOS PENSÉES

Le résultat, lors de vos premières approches, vous apparaîtra terriblement paradoxal : au lieu d'en éprouver un surcroît d'énergie, vous vous sentirez littéralement épuisé, comme vidé de votre substance. C'est un phénomène tout à fait normal : vous venez de rompre avec un mode auquel vous êtes habitué, ce qui vous a obligé, dans un sens, à accomplir des efforts démesurés, herculéens. Mais si le prix à payer vous paraît, lors de vos premiers balbutiements, excessivement lourd, ne perdez jamais de vue que les résultats que vous obtiendrez par le biais de telles méthodes en valent largement la peine.

Rien ne vous oblige à pratiquer de tels exercices tous les jours. Travaillez à votre rythme et, lorsque vous vous sentirez prêt, renouvelez ce type d'expérience. Dans cette perspective, apprenez également à formuler vos pensées d'une manière plus directe, en usant du minimum de mots.

Certains exercices jagottiens préconisent même de compter le nombre de mots prononcés dans une journée. Nous n'irons pas, personnellement, jusqu'à de tels excès, qui risquent de vous confiner dans une sorte d'isolement intérieur.

Vous ne devez avancer qu'avec circonspection dans de telles voies. Ainsi, vous éviterez un phénomène de saturation qui pourrait compromettre vos résultats. Vous ne devez pratiquer que dans un élan de volonté, non comme une seconde habitude, même si celle-ci s'imposera progressivement. Il est important que vous deveniez, vous-même, peu à peu votre propre maître, non que vous sentiez soumis aux directives d'un guru, celui-ci exerçât-il par la voie livresque.

DÉVELOPPER VOTRE CONSCIENCE DE L'INSTANT POUR MIEUX DIRIGER L'OUTIL TÉLÉPATHIQUE

Vivre, être pleinement dans l'instant : à priori une telle phrase peut paraître, dans son mélange de simplicité et de grandiloquence, un de ces préceptes initiatiques à deux sous dont regorgent certains livres.

Il n'en est rien : il s'agit là d'une réalité concrète et qui a son rôle à jouer dans la maîtrise de l'outil télépathique.

Nous accomplissons tous des actes auxquels nous ne attachons pas particulièrement, dans lesquels nous n'impliquons pas notre conscience ; nous nous branchons, pour ainsi dire, en « pilote automatique », réalisant de manière mécanique des gestes mille fois répétés. Il peut s'agir d'un itinéraire ou d'une action qui nous est familière, qu'il s'agisse de faire la vaisselle, de passer l'aspirateur, d'éplucher des légumes ou de nous rendre sur notre lieu de travail.

Vous agissez tout en pensant à autre chose, sans prendre réellement conscience de ce que vous faites.

Nous vous proposons d'adopter un autre type d'attitude, plus en accord avec la « réalité magique » dont notre sacro-sainte réalité matérielle ne constitue que l'un des sous-ensembles.

Voici comment vous allez procéder :

- Vous suivez un itinéraire qui, en quelque sorte, est inscrit dans « la mémoire des pas ».
- Ne dispersez pas vos pensées.

- Soyez attentif à chaque micro-événement, à la couleur, à l'aspect, des immeubles ou des gens que vous côtoyez.
- Prenez conscience de chacun des éléments qui constituent ce décor trop connu, le nom des rues, les objets ou les bâtiments.
- Vous allez éprouver, de par un tel changement de perspective, un sentiment d'étrangeté, comme si vous découvriez ces lieux pour la première fois.
- Pour tout dire, il se peut même que vous vous sentiez un peu « perdu ».

Nous sommes déshabitués à toute forme de « vigilance », laquelle constitue pourtant une des clés sinon la clé majeure de notre devenir.

Le sage hindou Swami Prajnandad, à un adepte lui demandant quel était le rôle de la vigilance dans la voie, répondit simplement : « la vigilance est la voie ».

Chaque fois que vous croirez connaître un lieu « par cœur », regardez-le plus attentivement, sous un angle différent : vous serez surpris de l'ensemble de choses nouvelles que vous découvrirez par cette méthode.

Gustave Flaubert n'affirmait-il pas que « pour qu'une chose devienne intéressante, il suffit de la regarder suffisamment longtemps ».

SAVOIR CONCENTRER TOUTE VOTRE ATTENTION SUR DES GESTES QUOTIDIENS

Vous allez procéder de la même façon pour chaque acte qui vous paraît, la plupart du temps, banal et anodin, en vous concentrant pleinement sur ce que vous êtes en train de vivre et de faire.

Voici comment vous allez procéder :

- Au lieu d'avaler votre café sans y penser, la tête dans les nuages, pensant à ce que va être la journée ou monopolisant votre esprit sur tout autre chose que votre acte, décidez de concentrer toute votre attention sur cette action qui vous semble à priori sans importance.
- La couleur du liquide ingurgité, son goût, la sensation de chaleur qui se répand dans votre corps, la forme et l'aspect de votre tasse, la position de votre main, le contact de l'objet à vos doigts.
- Est-il agréable ?
- Désagréable ?
- Comment pourriez-vous définir la sensation éprouvée ?

Cette revue de détail, aussi futile puisse-t-elle paraître, peut profondément modifier votre perception des choses et augmenter votre plaisir (ou en être générateur).

Consacrer cinq ou dix minutes de votre journée à la vigilance, ce n'est à priori pas grand-chose ; c'est pourtant un énorme pas en avant dont les conséquences enrichiront votre potentiel réceptif.

Petite précision qui a son importance : il ne s'agit en aucun cas de vous endormir sur votre tasse et d'entrer dans un état de « fascination », en induisant une sorte d'autohypnose. C'est même exactement l'inverse : si vous sentez que votre attention faiblit, reprenez-vous.

UN EXCELLENT PRÉLUDE AUX TRAVAUX TÉLÉPATHIQUES

Le rôle joué par cet exercice pourrait ne pas sembler évident à certains de nos lecteurs et lectrices. Nous nous devons donc d'en expliciter la substance.

La dispersion fait partie de notre quotidien. Nous pensons à de nombreuses choses en même temps ; nous passons d'une pensée à l'autre et se concentrer sur un objectif précis, relativement à une telle tendance, peut nous apparaître comme une difficulté suprême, que nous aurons bien du mal à contourner lors de la réalisation d'un exercice télépathique, d'autant plus lorsque celui-ci vise à la projection de notre énergie volitive.

Être attentif et pleinement dans l'instant, apprendre à ne pas se laisser distraire et à concentrer toute notre attention sur ce que nous accomplissons de manière non consciente donnera plus de poids à nos gestes et actes.

Il s'agit là d'un excellent prélude aux exercices télépathiques parce qu'il nous permettra de canaliser notre mental sur eux et sur eux seuls au moment où nous passerons à l'acte.

CHAPITRE V

Transmettre des sensations physiques

QUI d'entre nous n'a entendu parler, un jour ou l'autre, de ce qu'on appelle des « membres fantômes », d'une personne amputée continuant à percevoir des sensations dans le bras ou la jambe absente ? Les remarquables travaux du Docteur Francis Lefébure ont permis de mettre en évidence un certain type de phénomènes qui, avant lui, furent peu ou prou étudiés par la communauté scientifique, quoi qu'ils fussent bien connus des initiés du monde entier et de toutes les époques. Si ses écrits connaissent parfois quelques débordements, liés à l'enthousiasme de la découverte, il n'en demeure pas moins qu'il s'agit d'un précurseur dont l'approche des phénomènes ésotériques demeure fondamentale.

LES TROIS OUTILS ESSENTIELS DE LA TÉLÉPATHIE SENSORIELLE

Lefébure ne se contente pas d'accomplir une brillante synthèse de ce type de phénomènes et de tenter d'en livrer une « explication rationnelle ».

Son exploration pénètre davantage en profondeur, afin de découvrir la clé qui permette à n'importe lequel de ses lecteurs, pour peu qu'il soit motivé, d'ouvrir les portes de la connaissance et de soulever le voile d'Isis. Bref, de nous livrer des modes d'emploi clairs et aisément applicables.

Nous allons parler à présent de ses trois plus grandes « découvertes » : les phosphènes, les acouphènes et les gustatophènes, dont nos lecteurs ne tarderont pas à réaliser l'importance dans le cadre de leurs travaux télépathiques.

Ces trois clés permettent, comme nous allons le voir, en premier lieu, de donner plus de vigueur et de densité à la transmission télépathique, que celle-ci se produise sous forme d'images, de mots ou de pensées.

Nous avons vu en effet que, dans la plupart des cas, les émissions télépathiques se transmettaient sur l'un de ces trois modes, même si, à travers le filtre du corps, ces projections se traduisaient souvent, chez le récepteur, par des sensations directes en rapport avec l'image émise.

Les travaux du Docteur Lefébure modifient cette donne initiale en nous permettant de projeter vers l'autre, le percipient, non plus une image, une pensée, un mot, une phrase mais une sensation. C'est un apport majeur parce qu'il nous permet d'exprimer notre désir de manière plus synthétique.

UNE EXPÉRIENCE INITIATIQUE MAJEURE

Commençons par la plus connue des découvertes leféburiennes : les phosphènes, ou du moins leur usage dans le cadre d'une parapsychologie bien comprise.

Qu'est-ce qu'un phosphène ? On pourrait le définir comme un cercle lumineux et coloré succédant à la fixation d'une source lumineuse, après extinction de celle-ci. Définition fastidieuse, qui sera mieux comprise par nos lecteurs lorsque nous en aurons étudié la pratique.

Voici comment vous allez procéder :

- Une simple lampe suffit pour cet exercice. Elle sera munie d'un interrupteur que vous pourrez aisément atteindre et d'une ampoule de 60 watts.
- Fixez votre attention sur elle pendant quelques minutes.
- Éteignez.
- Vous verrez apparaître devant vos yeux un cercle de couleur bleue ou orange (parfois les deux mélangés) qui, peu à peu, changera de couleur jusqu'à devenir grisâtre, puis d'un blanc laiteux.

UN PHÉNOMÈNE ÉTROITEMENT LIÉ A L'APPARITION ET AU DÉVELOPPEMENT DES POUVOIRS PARAPSYCHOLOGIQUES

Il ne s'agit nullement comme on l'a longtemps pensé, d'une vision intra-rétinienne.

Les travaux du Docteur Lefébure ont mis en évidence que l'opérant pouvait déplacer ce cercle lumineux à travers une pièce par le seul ressort de sa volonté agissante.

Ce cercle lumineux, vous l'avez deviné, n'est autre que le phosphène. Ce phénomène, la plupart d'entre nous l'ont connu par le biais d'une expérience spontanée, par exemple en fixant des bougies, en tentant de regarder le soleil ou devant un feu de bois.

La spécificité des travaux de Lefébure consiste à le provoquer de manière volontaire et à en obtenir la maîtrise.

Certains penseront que nous sommes là à mille lieues de la télépathie. Or, au contraire, nous sommes en plein dedans.

Vous vous en doutez, si Lefébure a consacré une bonne part de sa vie à un semblable phénomène et à ceux que nous examinerons plus loin, ce n'est pas uniquement pour la beauté du geste.

Il est vrai que les phosphènes, c'est joli et que cela peut représenter un joli feu d'artifices, un kaléidoscope personnel... Trève de plaisanteries !

Le phosphène est étroitement lié à l'apparition et au développement des pouvoirs dits « parapsychologiques ».

UNE ÉPONGE VIBRATOIRE ABSORBANT NOS IDÉES ET LES CRISTALLISANT POUR LEUR DONNER PLUS DE FORCE

En étudiant de nombreux cas de médiumnité prononcée, Lefébure a permis de situer le moment de son émergence : celle-ci découlait, bien souvent, d'un phénomène phosphénique de grande intensité. En fait, la réalité et les applications des phosphènes à la croissance spirituelle et à l'épanouissement du potentiel humain prennent tout leur sens et toute leur dimension à travers l'un de ses corollaires : le mixage phosphénique.

De quoi s'agit-il ? De mélanger, sous forme généralement visuelle, mais pouvant être déclinée sous tous les modes de perceptions déjà étudiés, une pensée au phosophène, au moment de son apparition. Le phosphène agit à la manière d'une éponge vibratoire, absorbant nos idées et les cristallisant pour leur donner davantage de densité. Ainsi, il favorise les facultés de mémorisation qui, comme nous l'avons vu, joue un rôle-clé dans la télépathie. C'est loin d'être son seul avantage. Dans certaines écoles du Québec et certains pays africains, les élèves travaillent souvent « sous phosphènes ». Imaginez l'impact que peut avoir une pensée portée par le mixage phosphénique. Mais n'anticipons pas : c'est là un point que nous développerons ultérieurement.

Le phosphène peut être transmis d'une personne à une autre ainsi que les images qu'il contient. Et ce, même si la personne réceptrice n'est pas au courant de la nature de l'expérience. Il arrivera, dans les premiers temps de cette nouvelle catégorie d'expériences, que le phosphène disparaisse. Il est inutile de tenter de le susciter à nouveau ; il reviendra de lui-même.

SURTOUT, NE TENTEZ PAS DE GRILLER LES ÉTAPES !

Dans la première phase, vous vous contenterez d'acquérir une parfaite maîtrise du phénomène phosphénique. Une fois celle-ci obtenue (vous devriez y parvenir au bout d'une semaine de pratique quotidienne), vous passerez à l'étape du mouvement.

Déplacez le phosphène :

- Sur votre visage, les murs de la pièce.
- Vous y parvenez.
- Sinon, persévérez.
- Si oui, vous pouvez envisager de vous pencher sur le mixage phosphénique.

Les expériences précédentes ont dû vous amener, du moins si vous les avez correctement menées, c'est-à-dire sans tenter de griller les étapes, vous contentant de résultats imparfaits, à synthétiser vos pensées, donc à les exprimer de manière plus directe, plus concise et plus précise.

Vous devez être parfaitement à même de résumer votre désir sous la forme d'une image précise ou d'un mot-clé. Cette image ou ce mot, vous allez les imaginer à l'intérieur du cercle formé par le phosphène.

Attention : il ne s'agit pas, là encore, de rêverie stérile, qui ne se répercute que sur le plan mental. Autrement dit, ce que vous projetez doit réellement apparaître, être visuellement perceptible. C'est une nuance essentielle car elle fait toute la différence entre un souhait flou, teinté de nostalgie et une pensée active se traduisant par des événements concrets.

AUTOTÉLÉPATHIE, MODE D'EMPLOI

Dans un premier temps, vous ne tenterez pas de passer directement à la télépathie, du moins pas sous la forme que nous avons étudiée à présent. Il s'agirait plutôt, dans ce cas de figure, d'une autotélépathie, domaine dont nous étudierons plus loin les applications. C'est sur vous-même que vous allez travailler. Tout simplement. Vous serez donc tout à la fois émetteur et récepteur. L'utilité d'un tel exercice? En réalité, vous allez vous adresser à deux personnes, ou du moins à deux plans différents : votre conscient va envoyer un message de telle manière qu'il se grave profondément dans votre subconscient.

Voici comment vous allez procéder :

- Choisissez une qualité que vous aimeriez posséder, et dont l'absence nuit à la réalisation de vos projets, quelle que soit la nature de ceux-ci.
- Cette qualité, vous allez la projeter à l'intérieur du cercle formé par le phosphène.

Certains spécialistes, tel Roberto Assagioli, le créateur de la psychologie transpersonnelle, préconisent de travailler tout d'abord nos défauts, nos manques, en visualisant, dans un premier temps, tout ce que par leur faute nous ratons. Ce, afin de mieux nous convaincre de la nécessité d'un changement. Si une telle initiative peut donner des résultats positifs (encore que… rien n'est moins sûr!) dans le cadre d'une démarche psychothérapeutique, elle perd toute sa raison d'être dans la perspective phosphénique. Elle ne ferait, en ce cas, que cristalliser vos tares, de telle manière que vous peineriez à les éradiquer par la suite. Ce travail ne porte donc que sur les qualités positives.

DEUX MÉTHODES IMPARABLES POUR TRAVAILLER SUR VOUS MÊME

Deux façons d'agir se présentent à vous.

La première est d'utiliser le mot qui la désigne et d'imaginer ce mot à l'intérieur du phosphène.

- Laissez-le agir en vous et diffuser son message à l'intérieur de votre subconscient.
- Ce n'est pas nécessairement la méthode la plus efficace mais elle présente néanmoins un avantage certain pour tous ceux qui ne sont pas parvenus à une maîtrise parfaite de la visualisation.

La méthode numéro deux, de loin la plus efficiente.

- Consiste à vous projeter dans une situation dans laquelle vous faites montre du talent recherché, qu'il s'agisse de vaincre une timidité, de savoir se faire entendre, de lutter contre le stress, de développer votre mémoire ou votre médiumnité… les possibilités de travail sont aussi multiples que les divers aspects de notre potentiel humain.

L'image que vous allez créer devra laisser peu de place au doute. Vous devez être parfaitement conscient qu'il s'agit d'une réalité, même si elle demeure encore à un niveau virtuel.

Il ne s'agit pas d'un fantasme mais d'une vérité future que vous êtes en train de consolider. A aucun moment, vous ne devez vous laisser effleurer par le doute.

L'image sera enregistrée par votre inconscient qui se chargera d'accomplir les transformations nécessaires à sa réalisation.

PRÉPARATION A LA PRATIQUE EN DIRECT

Vous savez à présent pratiquer le survol du corps quelle que soit votre position dans l'espace ? Parfait... cela va vous permettre d'y apporter une légère amélioration.

Voici comment vous allez procéder :

- Asseyez-vous sur un siège confortable (pas trop tout de même afin d'éviter de vous endormir !).
- Rappelons que votre corps ne doit connaître aucune gêne, aucune contrainte.
- Si votre pantalon ou votre ceinture vous serrent, donnez leur davantage de jeu. Et si vous vous sentez mieux sans vêtements, n'hésitez pas à pratiquer dans une totale nudité.
- Une lampe, ou une bougie, est posée devant vous, sur un meuble qui se trouve à hauteur de votre regard.
- Fixez-la quelques instants.

Si c'est une bougie, il ne vous sera pas nécessaire de l'éteindre (ce que, en aucun cas, vous ne devrez faire en soufflant dessus mais en usant d'un éteignoir ou en mouchant la chandelle avec vos doigts mouillés).

Au moment de l'apparition du phosphène, vous commencerez votre exercice de survol du corps ainsi que nous l'avons défini dans les chapitres précédents. Le phosphène disparaît quelques instants, avant d'apparaître de nouveau ? Il suit les mouvements de votre pensée ? Le premier cas de figure ne doit pas vous préoccuper. Toute votre attention doit être tournée vers votre prélude à la télépathie, et non sur le phosphène lui-même ; nous verrons pourquoi tout à l'heure.

Dans le second cas, vous êtes particulièrement en bonne voie sur le chemin de la transmission de messages télépathiques et de l'exercice de votre volonté créatrice. En effet, la coordination entre les différents mouvements de votre pensée touche à l'osmose idéale.

Même si le phosphène peut devenir interdépendant de votre pensée agissante et devenir son intermédiaire privilégié, son apparition, cependant, n'est pas liée à celle-ci.

En revanche, tout état dit de « sophronisation », de « relaxation », d'«ondes alpha », de « conscience modifiée », quel que soit le nom que l'on donne à ce type de phénomènes, nécessite un « lâcher prise » de la pensée consciente et raisonnante, ce qui, si votre esprit s'égare dans certaines réflexions, est bloqué dans son élan ou arrêté par un détail agaçant, vous ôte tout accès possible à cet état.

TRANSMETTRE UN PHOSPHÈNE A DISTANCE

Le but de cet exercice vous apparaîtra lorsque vous passerez à la phase active, que vous soyez émetteur ou récepteur, de l'exercice télépathique.

En approfondissant votre état initial, qui constitue une sorte de « piste d'envol », le phénomène phosphénique vous permettra d'améliorer sensiblement vos résultats. Non seulement ceux-ci seront plus accentués mais, de plus, le sentiment d'ouverture provoqué par toute action télépathique volontaire se prolongera bien au-delà de votre transmission. Vous vous sentirez davantage présent, vivant pleinement chaque instant. En fait, il s'agit ici d'un « mixage phosphénique » d'un type un peu particulier puisque le phosphène, ici, ne cristallise pas une pensée mais un état.

Voici comment vous allez procéder :

Lorsqu'apparition et manipulation des phosphènes seront pour vous comme une seconde nature, vous tenterez de transmettre ceux-ci à distance.

- Pour cela, il vous faudra un ou une volontaire.
- Ensemble, vous déciderez d'une heure à laquelle l'exercice devra commencer. A l'heure dite, la personne pratiquera elle-même le survol du corps et se mettra en état réceptif.
- Il est important que vous ne soyez ni dans la même pièce ni dans le même appartement. Nous en préciserons les raisons plus loin.

De votre côté, vous accomplirez l'exercice précédent.

- Lors de l'apparition du phosphène, vous projetterez à l'intérieur de celui-ci le visage ou le prénom de l'élément récepteur.
- Vous maintiendrez cette image (ou ces lettres) aussi longtemps que vous le pourrez.
- Si celle-ci se brouille, ne vous y attardez pas et recommencez votre travail de création.
- Si l'ensemble disparaît de votre champ visuel, repartez du début mais en effectuant un survol du corps plus rapide que le précédent.
- S'il est important, pour des raisons essentiellement pratiques, que l'émetteur se trouve en position assise, peu importe, en revanche, celle du récepteur.

Une telle pratique étant principalement destinée à maîtriser l'exercice de la transmission d'une image à distance, il est capital qu'opérant et percipient soient très éloignés l'un de l'autre.

L'EXERCICE EST-IL RÉUSSI ?

Dans un second temps, recommencez l'expérience en interchangeant les rôles. Dans quelle position obtenez-vous les résultats les plus probants ? En tant qu'émetteur ou que récepteur ? La réponse que vous fournirez à cette question vous permettra de mieux vous définir et de cerner les points sur lesquels vous devrez le plus travailler.

Nous avons vu comment transmettre une image, une sensation à distance, métamorphoser notre propre comportement en profondeur et le ressort dynamique que constituaient les phosphènes dans une telle perspective.

Nous allons à présent aborder un domaine bien plus délicat : celui de la création volontaire d'une situation par le biais de la pensée.

C'est une chose connue : la foi soulève les montagnes, même si celles-ci ne se rencontrent jamais. Mais une telle pensée, directrice pourtant de tant et tant d'initiations, présente, sous une forme ou sous une autre, dans presque toutes les traditions, demeure difficilement applicable dans notre vie quotidienne.

Si nous affirmons qu'un tel sujet est délicat, c'est parce qu'il risque de heurter certaines sensibilités cartésiennes.

Signalons tout de même que ledit Descartes, s'il affirmait qu'il ne faut rien accepter à priori, disait aussi qu'il ne faut non plus rien nier à priori. Or, nous doutons fortement que les détracteurs de la télépathie, de la magie ou de phénomènes aujourd'hui inexpliqués, les aient personnellement « testées » en toute objectivité, sans œillères ni préjugés.

AGIR SUR LES ÉVÉNEMENTS GRACE À LA TÉLÉPATHIE

D'autre part, les télépathes fervents d'une fausse rationalité née du ventre fécond de la parapsychologie, dans sa vaine quête d'une reconnaissance scientifique, objecteront que nous ne sommes plus dans le domaine de la télépathie telle que l'a définie Rhine mais dans celui de l'occultisme.

Notre propos nécessite donc une petite mise au point. Si la pensée est considérée en tant que phénomène vibratoire, interagissant avec d'autres énergies situées sur le même plan, il serait absurde, en un sens, de croire qu'elle ne puisse entrer en corrélation avec d'autres types de phénomènes vibratoires situés sur d'autres plans.

Si l'on admet, ce que certains physiciens d'avant-garde ne sont pas loin de penser, que les événements, sur le plan vibratoire, coexistent à leur apparition dans notre réalité et que c'est notre propre vibration qui leur donne leur forme définitive, il n'y a qu'un pas à franchir pour affirmer que spiritisme et magie ne sont que des échanges télépathiques avec des énergies situées sur un autre plan de conscience.

Ce point de vue semble confirmé par ce qui se passe dans un rituel magique : rares sont les « apparitions », les voix « d'outre-monde ».

En revanche, le praticien recevra souvent des images, des pensées, des phrases qui, dans certaines conditions, peuvent se transformer en phénomènes extérieurs. Nous en reparlerons dans notre évocation des acouphènes et des travaux qui leur sont inhérents, l'acouphène pouvant être, en quelque sorte, considéré comme l'équivalent du phosphène mais au niveau auditif.

L'exercice que nous proposons nécessite un certain esprit synthétique.

Quelle que soit la forme de projection que vous utiliserez (mots pensés ou inscrits à l'intérieur du phosphène, images), il est important que vous ayez le sens du « résumé choc ».

Ceux à qui les exercices de développement de volonté, de la maîtrise des émotions et de la parole, sont apparus futiles et « hors sujet » comprendront ici toute la portée de leur erreur. En effet, il est plus que probable que ceux-là peineront à exprimer brièvement leur désir. Or, une pensée diluée dans des détails annexes possédera bien moins d'impact qu'une pensée dense, qui va droit au but.

Plus la phrase par laquelle vous exprimerez votre volonté sera longue, plus l'image que vous allez projeter se développera en histoire aux multiples chapitres, plus la réalisation en sera complexe et aléatoire.

Choisissez, avant d'agir, une phrase, une image précise et concise – point n'est besoin d'ailleurs que celle-ci fût en mouvement, et rien ne s'oppose à ce que celui-ci soit minimal, ce qui favorisera votre concentration – qui résumera au mieux non votre souhait, mais sa réalisation. Ne cherchez pas à savoir, par exemple, comment s'accomplira celle-ci.

Si ce que vous désirez concerne le plan financier, cherchez ce que vous voulez obtenir à travers cet argent, ce qu'il représente pour vous. Vous voir comptant des billets par exemple est le type d'images dénuées de force que projettent les apprentis télépathes, dans une ignorance somme toute bien excusable. Pourquoi ? Parce que vous vous perdriez dans une foule de détails annexes. Le nombre de billets manipulés par exemple. Vous vivrez un rêve éveillé qui n'aura aucune incidence sur les plans subtils et ne suscitera pas l'événement.

POUR QUE VOS IMAGES POSSÈDENT UN IMPACT SUR LE PLAN SUBTIL, ELLES DEVRONT ÊTRE CLAIRES ET PRÉCISES

Quel est l'objet ou la situation auxquels la possession de cet argent vous permettra d'accéder ? Telle est la question que vous devrez, en premier lieu, vous poser. Ce n'est que lorsque la réponse sera claire et que votre image, dépouillée de ses accessoires, aura gagné en simplicité, et donc en efficacité, car sa visualisation ne nécessitera pas de votre part d'efforts démesurés, que vous pourrez passer à l'action.

Ce que vous projetterez doit être quelque chose de réel, de concret et non un vague souhait. Il est important que vous ayez présente à l'esprit cette notion essentielle sans laquelle votre acte ne pourra être suivi d'effets.

Si votre volonté est d'ordre amoureux, vous devrez vous représenter ce qui, pour vous, symbolise le plus parfaitement votre union concrétisée.

Si c'est une phrase, vous vous livrerez à un travail de « recréation » de la voix de l'autre car c'est son épanouissement, son amour que vous devez concrétiser, non les vôtres, puisqu'ils sont déjà présents en vous et que les amplifier ne servirait de rien.

Voici comment vous allez procéder :

- Lorsque vous aurez trouvé l'image, la phrase, le symbole ou le mot-clé, procédez à la création du phosphène et, au moment de son apparition, visualisez au centre du cercle coloré la situation réalisée.
- Vous procéderez ainsi chaque soir, avant de vous coucher, jusqu'à ce que votre désir s'accomplisse.

VOTRE EXERCICE EST-IL PLEINEMENT RÉUSSI ?

L'exercice nécessitant moins d'une heure, il n'est pas des plus contraignants et peut amener dans votre vie des changements majeurs. Combien de temps cet exercice de projection télépathique doit-il être pratiqué ? En fait, cela dépend essentiellement de la force de votre projection, tant en volonté qu'en qualité de l'image, et du nombre d'obstacles à franchir avant que la situation projetée puisse s'accomplir. Si, au bout de quelques semaines, vous ne constatez pas l'ombre d'une amélioration pouvant amener à la réalisation de vos souhaits, il conviendra de changer vos batteries. Soit les obstacles sont trop nombreux, soit vos aspirations sont trop contradictoires pour pouvoir être réalisées. C'est le cas par exemple des personnes qui, tout en aspirant à la réussite, sont gouvernées par un constat d'échec et ont peur de s'affranchir d'un tabou social de l'argent, voire d'injonctions qui leur ont été jadis communiquées. La différence majeure entre ces derniers exercices et les précédents est que, dans les pratiques antérieures, vous projetiez télépathiquement votre désir sur une autre personne alors que, dans les derniers cas de figure, votre énergie mentale entre en étroite connexion avec d'autres plans vibratoires.

Nous verrons plus tard comment, quelle que soit la perspective, la pratique « live » – c'est-à-dire face à la personne dont dépend une part de votre destinée, quel que soit le domaine envisagé – va consolider l'événement à venir. Et, surtout, la manière d'exercer sans que l'autre puisse déceler quelque chose d'étrange dans votre attitude, ni quelque forme de tentative d'influence que ce soit, cas dans lesquels il pourrait former un véritable « barrage psychique » contre lequel vous ne pourriez pas grand-chose.

DES PRATIQUES QUI NE FURENT TRANSMISES QUE PAR L'INITIATION DIRECTE

En travaillant sur les phosphènes, le docteur Francis Lefébure découvrit d'autres formes de persistance des sensations qui, cette fois, ne passaient pas par la perception visuelle. Il n'eut de cesse de découvrir leurs possibilités d'application dans le domaine parapsychologique, se plaisant à dire qu'il n'y a pas de « sciences occultes » mais simplement des sciences qui ont été occultées et qu'il ne tient qu'à nous de retrouver.

Ces nouvelles découvertes offraient d'ailleurs tant de possibilités qu'il en limita, pour la plupart, la transmission à des personnes soumises à une initiation directe, ne passant pas par la voie du livre mais par la communication orale et l'expérience lors de ses nombreux séminaires.

Si ses applications concernent en premier lieu le spiritisme et la voyance, rien n'interdit cependant, à priori, de les appliquer au cadre de la projection télépathique.

Pour explorer de manière efficace le monde surprenant des acouphènes, vous devrez opérer dans un lieu silencieux. Du moins tant que dureront vos premières approches.

Une réelle maîtrise des phosphènes et des acouphènes permettra, par la suite, à celui qui y a recours de les susciter en n'importe quel lieu et quelles que soient les circonstances, fût-ce en un endroit bruyant, enfumé et surpeuplé.

Un télépathe efficace pourra, en effet, s'isoler au milieu du bruit, créant sa propre « bulle de silence » et se concentrant sur le but de son action, même si l'environnement extérieur ne semble nullement s'y prêter.

Voici comment vous allez procéder :

- Choisissez un lieu ne laissant que peu de place au bruit – il peut s'agir d'une maison de campagne, ou d'une cave que vous aurez aménagée en en tapissant les murs de boîtes d'œufs vides, ou encore d'un endroit que vous aurez parfaitement isolé… à moins, bien sûr, que vous n'habitiez dans un appartement particulièrement calme, où n'opériez à une heure où chacun s'est endormi.
- Fermez les yeux, éventuellement, posez vos mains sur vos deux oreilles et écoutez.
- Vous entendrez comme une sourde rumeur dont beaucoup imaginent qu'il ne s'agit que du bruit propagé par la circulation sanguine.

Poursuivez votre écoute silencieuse et vous verrez qu'il n'en est rien. Ce son, qui n'en est pas vraiment un (on peut dire, d'une certaine manière, qu'il s'agit de l'ombre d'un son), va s'amplifier peu à peu, d'une manière insolite, puisque la progression du son ne mobilise pas davantage vos conduits auditifs.

APPRENDRE A « SCULPTER UN SON »

Ce son, c'est l'acouphène, phénomène auditif qui persiste après l'extinction de tout son. Vous allez le modifier, le sculpter vibratoirement. Comment ? Par le biais de votre pensée, qui va le découper en courtes séquences, le faire cesser puis reprendre, à diverses reprises. Lorsque vous serez familiarisé avec ce nouveau phénomène, vous imaginerez un mot. Le plus bref au départ sera le mieux approprié : il n'en aura que davantage d'impact. Une fois choisi ce mot, vous allez le moduler dans votre matière sonore, découper les vagues vibratoires qui vous parviennent jusqu'à le reconstituer.

Au départ, vous n'entendrez, du moins si l'on prend ce mot stricto sensu, rien. Vous n'aurez que l'impression, en pure imagination, de percevoir le mot ainsi projeté. Mais, peu à peu, vos efforts seront récompensés et vous obtiendrez une réelle perception auditive. Hallucination sonore ? Que nenni ! Comme l'affirmait un médecin psychiatre dans les années soixante-dix « Les hallucinations n'existent pas... il n'y a pas de perception sans réalité ».

Ce travail de modification des ondes sonores peut se concrétiser sous deux aspects différents : soit le mot que vous entendez semble être prononcé par votre propre voix, soit il l'est d'une voix neutre, quasi atonale, qui ne se réfère à rien de particulier.

Lorsque vous serez parvenu, par cette méthode, à reproduire n'importe lequel des mots que vous aurez choisis, jetez votre dévolu sur une phrase.

PRÉPARATION A LA PROJECTION AUDITIVE... QUI DONNERA TOUTE SA FORCE A VOS TRANSMISSIONS TÉLÉPATHIQUES

Si chacune des phases de son exercice a son importance pour parvenir au sommet, son intérêt, bien entendu, réside dans son dernier mouvement. L'un des buts de l'exercice est de permettre un apprentissage accéléré de la clairaudience.

Si les aspects « voyance » et « spiritisme » de la chose semblent sortir quelque peu du propos de cet ouvrage, il est cependant nécessaire de les évoquer brièvement car les techniques qu'ils emploient présentent bien des similitudes avec celles de la télépathie sensorielle. Le fameux « cliché » ne représente en effet qu'une des possibilités de la médiumnité.

En présence d'une personne malade, c'est dans son propre corps que le voyant ressentira, trop brièvement heureusement pour en garder des séquelles, la souffrance dont elle est atteinte. Il pourra également percevoir la présence d'un objet, une odeur, qui détermineront ses autres sensations. Et surtout, il sera souvent assailli par des messages sonores, point qu'il partage avec le magiste et le spirite. Cette parole ne remontera d'ailleurs pas toujours à la surface de sa conscience, de telle manière qu'il aura l'impression que les informations sont déversées directement dans sa mémoire.

Comme on le voit, ces disciplines ont bien des points communs avec la télépathie, et si notre théorie est exacte, ce serait loin d'être un hasard. De plus, il est probable que, au cours de vos opérations télépathiques, vous receviez des messages médiumniques de la sorte. Il est important que vous soyez conscient de leur nature.

TRANSMETTRE DES MOTS OU DES PHRASES

Sans doute connaissez-vous, dans vos relations, une personne que ce genre d'expériences intéresse ? Vous allez reprendre les exercices de transmission télépathique, tels que nous les avons vus pour la projection d'un sport mais, cette fois, ce sont des mots que vous allez projeter. N'espérez pas de miracles. Vos premières expériences ne seront peut-être pas des plus probantes mais, en persistant, vous parviendrez à améliorer sensiblement vos résultats. Cependant, une réussite totale dès les premiers essais est loin d'être impossible, si vous avez correctement travaillé les exercices précédents. Passez ensuite aux phrases, selon le processus des acouphènes étudié plus haut.

Vos phrases au début seront simples, voire simplistes puis de plus en plus complexes. Vous savez à présent manipuler avec art et dextérité la transmission de sensations visuelles, mentales, tactiles et auditives.

Il nous reste à nous pencher sur la découverte la plus apparemment paradoxale du Docteur Francis Lefébure : celle des gustatophènes. Autrement dit, la post-perception gustative. Paradoxale parce que apparemment des plus inutiles en terme de parapsychologie en règle générale et de télépathie en particulier.

A quoi pourrait bien nous servir à priori de transmettre une sensation gustative à autrui ? En premier lieu, il s'agit là d'un excellent test de l'efficience de vos facultés télépathiques en direct. Pourquoi ? Parce que, sans éveiller l'attention, vous pourrez vous exercer, face à face, dans un lieu qui ne réunit pas les conditions idéales de concentration et de relaxation, sans qu'il y ait d'enjeu majeur.

TRANSMETTRE UN GOÛT OU UNE ODEUR

De plus, si le gustatophène en soi ne représente qu'un élément mineur de la pratique télépathique, il prend une tout autre importance associée aux autres phénomènes que nous venons de détailler.

D'autre part, la plupart des sensations que nous pensons d'ordre gustatif sont en réalité liées à l'odorat.

Travailler sur les gustatophènes permettra donc de transmettre également des sensations olfactives, ce qui peut avoir son importance, comme nous le verrons plus loin.

Le docteur Lefébure avance l'hypothèse que la fameuse transformation de l'eau en vin par Jésus-Christ serait essentiellement due à une transmission télépathique de gustatophènes. Théorie intéressante mais qui, malheureusement, ne pourrait être formellement prouvée.

L'un des exercices destinés à développer votre volonté va vous être particulièrement utile dans le cadre de votre travail sur les gustatophènes. Il s'agissait de celui concernant la vigilance et le fait d'être totalement présent dans l'instant. Vous l'appliquerez plus spécifiquement (ainsi que nous l'avons vu pour le café) au domaine de votre alimentation. Soyez attentif à toutes les sensations que provoque en vous l'absorption de nourriture : goût, odeur, chaleur se répandant dans votre organisme. Après avoir mangé, vous pourrez constater que le goût persiste un certain temps dans votre bouche. C'est cela le gustatophène.

Voici comment vous allez procéder :

Vous allez vous livrer à l'exercice suivant :

- Une heure après avoir mangé, tentez de reconstituer le goût et la consistance de l'aliment que vous avez ingéré.
- Dans un premier temps, la sensation éprouvée sera essentiellement mentale. Faire appel à la mémoire du corps n'est en effet guère dans nos habitudes.
- Ne vous en formalisez pas et continuez ce type d'expérience jusqu'à ce que vous ressentiez réellement la saveur évoquée sur le bout de la langue.
- L'émergence de ce nouveau type de sensibilité sera sans doute facilité si vous vous livrez auparavant à un survol du corps.
- Voire essayer de la provoquer en parallèle avec le phosphénisme.

DONNER A UNE PROJECTION MENTALE LA CONSISTANCE D'UNE RÉALITÉ CONCRÈTE ET PHYSIQUE

Vous possédez à présent les trois clés indispensables pour donner à votre projection mentale toute la consistance d'une réalité concrète et physique, qui en multipliera sensiblement les effets. Nous avons signalé que le gustatophène ne prenait tout son sens, dans la perspective d'une projection télépathique, qu'en étroite collaboration avec les phosphènes et les acouphènes. A quoi, objecteront sans doute quelques lecteurs sceptiques, pourrait-il me servir de projeter une saveur, hormis pour tester mes dons ? D'ailleurs, quel goût pourrait-il m'être utile de transmettre télépathiquement ?

Les réponses à ces questions sont multiples.

- Dans le cadre d'une relation qui a du mal à se concrétiser sur le plan du désir, vous pourrez projeter, par exemple, l'odeur de votre parfum, le goût de votre peau, ou celui du dit parfum sur celle-ci.
- Si ceux-ci sont portés par la notion de plaisir – non le vôtre mais celui de votre futur(e) partenaire – et soutenus par un acouphène approprié, ils auront un puissant impact sur la personne de votre choix.
- Dans un cadre professionnel, si vous souhaitez effectuer le montage financier d'une affaire, imaginez, dans le cadre de votre projection, l'odeur des billets, que vous amplifierez, comme on règle le son d'une chaîne Hi-fi. Car l'argent possède une odeur, comme toute chose sur cette terre, celle-ci fut-elle fade.

Vous devez demeurer attentif à la sensation la plus infime. Votre pratique des exercices que nous avons préconisés vous rendra chaque jour plus réceptif à ce qui vous entoure et vous permettra d'éprouver des résultats de plus en plus probant, aiguisant votre sensibilité, mais également vos sens.

SI VOUS ÊTES ESSENTIELLEMENT RÉCEPTIF

A ce stade de notre ouvrage, nous nous devons de faire une pause. Certains, en effet, n'auront pu mener à bien la plupart des méthodes de transmission que nous avons répertoriées. L'expérience vous a peut-être démontré que si vous n'étiez guère doué pour la projection, la réception, en revanche, ne vous posait aucun problème. Bref, vous êtes essentiellement percipient et en êtes embarrassé. Rassurez-vous : il n'y a là rien de fondamentalement dramatique.

ÉMISSIONS OU RÉCEPTIONS ?

Il est vrai que, dans certaines conditions, en particulier celles qui concernent notre existence quotidienne, qui sont la plupart du temps des exercices de télépathie involontaires, même si, par la suite, vous serez à même de les diriger intentionnellement, il n'est pas toujours aisé de faire la part de l'émission et de la réception.

Prenons le cas d'une personne à laquelle vous pensez et qui, d'une manière ou d'une autre, entre en contact avec vous : s'agit-il, dans ce cas de figure, de votre pensée en action qui a suscité une réaction, ou cette personne songeait-elle à vous et avez-vous perçu sa préoccupation ? Lorsque vous pensez à une phrase qui est prononcée par votre vis-à-vis, est-ce vous qui avez envoyé un message ou avez-vous plus simplement perçu les pensées intimes d'autrui ? Certains exercices présentent, nous en sommes conscients, à ce niveau, une parfaite ambiguïté. Aussi ne pourrez-vous prendre une juste mesure de vos dons qu'à travers les exercices que nous proposons. Ce n'est qu'après un entraînement régulier et conséquent que vous pourriez conclure, si la plupart de vos tentatives d'émission venaient à échouer, être essentiellement apte à la réception. Il convient de ne pas confondre de passagères difficultés à maîtriser des facultés oubliées avec une inaptitude à l'émission, à la projection télépathique. Quoi qu'il en soit, ces exercices, qui portent sur les deux aspects (émissif et réceptif) de la télépathie sensorielle, picturale ou mentale, quand ce n'est les trois intimement associées, vous seront des plus utiles pour vous ouvrir à une authentique sensibilité télépathique, et ne pas confondre désirs profonds et intuitions. La différence est capitale : si vous ne savez reconnaître la nature d'un message, mieux vaut vous abstenir d'agir. Votre aspect réceptif peut constituer un excellent levier d'action ; encore convient-il de parfaitement le cerner et définir. Faute de quoi vous passeriez à l'acte, persuadé d'avoir capté la réalité du désir de l'autre alors que vous n'êtes à l'écoute que de votre propre espérance, et tomberiez sur un os !

VOUS PROTÉGER DES INFLUENCES D'AUTRUI ET DU PARASITAGE

Par le développement de vos facultés réceptives, vous apprendrez à connaître, sous une forme ou sous une autre, les pensées et projets d'autrui, ce qui vous permettra d'agir en conséquence, par la renonciation ou en tentant de détourner un problème. Le seul obstacle majeur qui se présente à la personne qui est uniquement récepteur est celui du parasitage. En démultipliant trop hâtivement, ou dans des proportions trop importantes, vos qualités d'ouverture, vous risquez d'être littéralement bombarbé par le stress et les problèmes d'autrui. Il vous sera par conséquent absolument nécessaire de vous protéger en filtrant les pensées négatives, les vôtres tout autant que celles des personnes qui vous entourent.

PETITS EXERCICES POUR FAIRE BARRAGE AUX PROJECTIONS AGRESSIVES

Plusieurs exercices peuvent vous permettre de consolider votre force, votre équilibre intérieur et de faire barrage aux projections agressives.

1) Méditer sur l'as de bâton ou la carte de l'Empereur dans le Tarot de Marseille.

- C'est-à-dire vous absorber dans sa contemplation peut vous procurer davantage de cohésion et de puissance interne. Si vous connaissez bien ce jeu, vous pouvez également projeter ces images à l'intérieur des phosphènes. Il s'agit ici d'autotélépathie, donc ne nécessitant pas de force projective particulière.

2) Un autre exercice consiste à former autour de vous, mentalement, une bulle.

- Elle sera d'une couleur avec laquelle vous vous sentez en affinité et fera barrage à toute forme de pensée négative. Pratiquez cet exercice chaque fois que vous allez vous coucher.

3) Les psychologues nous révèlent les positions dites de « blocage ».

- En croisant vos jambes ou vos bras d'une certaine manière, vous verrouillez vos énergies et vous fermez au discours de celui qui vous est hostile. Cette attitude est aussi valable pour fermer les écluses de votre mental lorsque vous vous sentez agressé. A moins que cette agression ne vous transmette un message que vous ne vouliez entendre.

4) Certains objets, comme le cristal ou certaines pierres, permettent également une protection renforcée.

- Sans une telle protection, vous seriez rapidement déstabilisé.

5) Lorsque vous venez de subir une épreuve éprouvante.

- Lavez-vous les mains ou, si vous en avez la possibilité, avant d'accomplir ce geste simple, frottez-les avec de l'argile.
- Magnétiseurs et médiums ne pratiquent pas autrement pour se décharger des influences négatives d'autrui, que ces dernières soient volontaires ou non.

La télépathie, lorsqu'elle est essentiellement réceptive, peut rapidement mener vers la médiumnité. C'est là l'une des voies royales qui vous est ouverte si vous êtes dans ce cas de figure.

CHAPITRE VI

La Télépathie en direct

IL est évident que la proximité de la personne que nous désirons influencer renforce la puissance de l'émission télépathique et non moins évident que cet apprentissage d'une action à proximité passe par une excellente maîtrise de la télépathie à distance, ainsi que par une discipline rigoureuse de nos capacités de concentration.

Les raisons en sont multiples et nous allons tenter de les expliciter : en premier lieu, si vous ne parvenez pas à obtenir une concentration et une disponibilité maximales dans des conditions optimales, isolé de toute pensée parasite et de tout bruit perturbant, comment pourriez-vous espérer obtenir des résultats probants dans une atmosphère saturée, ne favorisant en aucune mesure la détente et la relaxation ?

Pratiquer en direct nécessite un parfait contrôle de vos pensées et la possibilité de vous isoler, intérieurement, à tout moment.

LA TÉLÉPATHIE EN TOUTES CIRCONSTANCES...

Tenter, à froid, de faire le vide mental dans un restaurant, dans un parc, dans une rue, serait une véritable hérésie. Cela est d'autant plus valable pour les personnes essentiellement réceptives car rien ne peut leur assurer qu'elles se sont branchées sur le bon canal. Peut-être n'ont-elles perçu que la pensée d'une personne qu'elles ne connaissent pas et non celles qu'elles voudraient capter. Cependant, même en supposant que vous arriviez, mentalement, à recréer votre « espace rituel » en n'importe quel lieu et circonstance, une projection mentale directe ne pourra, dans bien des cas, constituer qu'un maigre hors-d'œuvre à la réalisation de vos désirs.

En d'autres termes, si le but de votre expérimentation est uniquement de tester vos possibilités télépathiques hors des conditions idéales, autrement dit portant sur des choses de peu d'importance (nous verrons plus loin l'expérience liée aux gustatophènes), vous réussirez pleinement votre exercice. Mais si l'objet de votre transmission relève pour vous de quelque importance, voire si l'issue espérée est cruciale, vous ne pourrez, par le biais de cette méthode, que vous livrer à une sorte d'ébauche, sans conséquence réelle sur le monde événementiel... à moins, bien sûr, que le terrain ne soit déjà des plus favorables et, pour se concrétiser, ne demande qu'un très léger coup de pouce.

Si cependant, la réalisation de ce qui vous tient à cœur doit, pour devenir effective, surmonter un certain nombre d'obstacles, bref si la personne dont dépend son accomplissement est à priori hostile ou indifférente à vos projets, vous ne ferez que susciter une velléité d'action sans la faire vraiment revenir sur ses dispositions initiales.

Pourquoi ? Tout simplement parce que, dans presque tous les cas, la télépathie directe ne constituera que la touche finale, celle qui vous permettra d'obtenir gain de cause, en donnant le dernier « coup de bélier » par lequel vous vaincrez la citadelle. Un patient travail à distance sera auparavant nécessaire. Il est aisé de comprendre qu'une opération répétée à de multiples reprises créera un véritable tourbillon énergétique, de par sa répétitivité elle même. Il est probable, à moins que vous ne voyiez la personne dont dépend la réalisation de vos vœux tous les jours, que vous ne pourrez émettre vos messages qu'à une faible fréquence. De plus, même si les rencontres sont quotidiennes, vos transmissions télépathiques s'effectueront dans un cadre ne favorisant pas spécifiquement la concentration.

L'ULTIME « COUP DE BÉLIER » QUI VOUS PERMETTRA DE FAIRE TOMBER « LA CITADELLE »

Autour de vous, d'autres personnes parleront, émettront des pensées, occasionneront des bruits de plus ou moins forte amplitude. Il est à craindre qu'en pratiquant uniquement une « télépathie directe » envers une personne non prévenue – et qui ne doit en aucun cas l'être – vous ne parveniez pas à grand-chose.

En revanche, ce contact live se chargera d'une puissance particulière si vous avez préalablement, préparé le terrain par des émissions régulières effectuées dans des conditions optimales. C'est pourquoi il s'avère tout à fait nécessaire de maîtriser également la « pratique directe », qui constituera, en quelque sorte, le parachèvement de votre œuvre.

Vous pensez être en parfaite possession de vos pouvoirs télépathiques ? C'est parfait… Vous voilà apte à l'entraînement que nous allons vous proposer. Il s'agit simplement de « compliquer le jeu », en en modifiant progressivement les règles. Autrement dit, ôter à celles-ci tout caractère d'évidence et de confort. Le but d'une telle manœuvre : vous inciter à mener vos opérations télépathiques jusque dans les lieux qui s'y prêtent le moins.

Voici comment vous allez procéder :

- Commencez par le « survol du corps ».
- Vous allez à présent l'effectuer en musique. Une musique douce, pour commencer (classique, jazz ou new age).
- Vous allez sans doute remarquer que vous éprouvez une difficulté plus grande à vous concentrer. Pas de panique ! C'est tout à fait normal.
- Essayez de mener l'exercice jusqu'à sa conclusion. Ne pas y parvenir la première fois n'a vraiment rien de honteux… C'est le contraire qui serait étonnant ! Renouvelez l'expérience. Éventuellement, procédez par degrés.
- Menez l'exercice jusqu'à un certain stade et tentez, la fois suivante, d'élargir vos possibilités.

Lorsque vous parviendrez à obtenir un « survol du corps complet » en dépit de la musique, choisissez un thème à priori plus dérangeant, un air de danse par exemple.

- Parvenez-vous à en faire abstraction et à « rentrer en vous même », pour utiliser le terme consacré ? Si oui, vous êtes en mesure d'aller plus loin ; sinon, persévérez.
- Tentez de définir à partir de quel volume la musique vous dérange, à moins qu'elle ne vous gêne même en arrière-fond sonore.
- Baissez le son jusqu'au seuil qui vous est « supportable ».

- Peu à peu, vous augmenterez le volume sonore jusqu'à obtenir un degré proche de celui auquel ce type de musique est diffusé, par exemple dans un restaurant.
- Tous les éléments s'emboîtent parfaitement ? Élargissez encore le cercle en pratiquant ledit « survol du corps » assis, puis debout. Obtenez-vous la même qualité de résultats ou du moins une qualité qui en fût proche ?

Rappelons à nos lecteurs et lectrices impatients, que ces exercices, pour fastidieux qu'ils puissent leur paraître, n'ont cependant rien de « gratuit ».

Ils sont destinés à les « mettre en situation » afin qu'ils soient mieux en mesure de résoudre sans sourciller les problèmes qui se poseront à eux s'ils ne possèdent qu'une approche de la télépathie plus ou moins « abstraite », c'est-à-dire susceptible d'être pratiquée uniquement dans leur « home sweet home ».

EN DÉPIT D'UNE IDÉE REÇUE, LA PROJECTION A DISTANCE EST PLUS FACILE QUE D'INFLUENCER UNE PERSONNE EN DIRECT

Comme nous l'avons précédemment signalé, dans la plupart des situations « live », ils seront confrontés au bruit, à la fumée, à des pensées et paroles parasites.

En dépit de tous ces obstacles, s'ils veulent obtenir une projection télépathique efficace, ne se résumant pas seulement à une expression ludique de leur personnalité mais à une action qui peut les combler des bienfaits, ils devront parvenir à s'isoler, à se concentrer, et reconstituer leur univers intérieur dans un endroit qui ne s'y prête nullement.

Effectuer, sans vous faire remarquer, un « survol du corps » dans un restaurant bondé, par exemple, n'a vraiment rien d'une sinécure si on ne s'y est préalablement mentalement préparé. Essayez, vous m'en direz des nouvelles! En dépit d'idées reçues, pratiquer une projection à distance présente davantage de facilité que d'influencer une personne en direct.

VOUS PRÉPARER EFFICACEMENT AU « FACE À FACE » TÉLÉPATHIQUE

Vous allez à présent pratiquer votre « survol du corps » les yeux ouverts. Lorsque vous y serez parvenu, entraînez-vous à susciter l'apparition du phosphène de la même manière. Cela vous sera sans doute plus aisé, dans un premier temps, de quitter des yeux la source lumineuse qui l'a suscité.

Vous voici maintenant fin prêt pour commencer des travaux d'approche en « direct ». C'est ici que l'expérience des gustatophènes prend tout son sens. Vous vous trouvez, dans un restaurant, face à une personne, connue ou inconnue.

Voici comment vous allez procéder :

- Choisissez dans le menu un plat que vous connaissez bien.
- Suscitez-en le gustatophène, en visualisant l'individu en question en train de le consommer, et en associant cette consommation à la notion de plaisir. Si la personne commande effectivement ce plat, vous avez « gagné ».

Mais ne vous enthousiasmez pas outre mesure : il peut s'agir d'une coïncidence ou d'une pensée que vous avez captée. Pour plus d'objectivité, vous renouvellerez ce type d'expérience aussi souvent que possible. Si, sept fois sur dix, vous obtenez un résultat probant, il n'y a plus de doute : vous vous trouvez en présence des conséquences de votre projection.

UN EXCELLENT TEST DE VOS CAPACITÉS TRANSMETTRICES DANS UN LIEU SATURÉ

La manipulation du gustatophène demeure un excellent test de vos capacités émettrices dans un lieu saturé. Il vous renseignera en tous cas sur le point suivant : êtes-vous en mesure d'aller plus loin dans ce sens ou devez-vous approfondir encore les travaux précédents avant de vous lancer sans filet ? De la réponse dépendra le succès de vos entreprises d'influence directe.

LES ERREURS À NE PAS COMMETTRE... ET COMMENT Y REMÉDIER !

La pratique de la transmission de proximité nécessite une réadaptation de tout ce que vous avez appris jusqu'alors.

- Fermer les yeux ou laisser ceux-ci errer dans le vague est, par exemple, hors de question car une telle attitude risquerait de donner quelques doutes sur votre santé mentale. Dans une telle perspective, présenter les paumes ouvertes vers le haut semble également banni. Vous pouvez cependant avoir recours à un subterfuge acceptable, qui ne provoquera pas de réaction particulière de la part de votre vis à vis. Supposons que vous soyez assis face à votre récepteur (et inconscient de l'être... c'est un point essentiel, car il ne doit en aucun cas supposer que vous tentez d'exercer sur lui une quelconque influence). Vos deux mains sont posées sur la table. Au lieu de les mettre à plat, paume vers le bas, vous les placerez en parallèle, comme dans certaines passes magnétiques, c'est-à-dire sur la tranche. Ainsi, vous jouirez de tout votre potentiel énergétique.

Lors d'une conversation, à moins que vous ne soyez passé maître en la matière, il vous sera extrêmement difficile d'entrer en action au moment où vous même vous parlerez, autrement dit de mener de front un discours cohérent et une concentration optimale. Aussi, le meilleur moment pour vous livrer à votre projection sera-t-il bien évidemment celui où l'autre vous adressera la parole.

Vous n'en devrez pas moins demeurer présent sur deux plans :

- Celui des propos de l'individu en question (qui pourrait se vexer s'il réalise que vous ne l'écoutez pas) et celui de votre projection.
- Pour que celle-ci acquière un maximum d'efficacité, vous l'effectuerez en fixant la personne entre les deux sourcils ou juste au-dessus de la tête, c'est-à-dire à cet endroit où saints et anges possèdent une auréole.
- Pour être plus pragmatique, nous dirons que de cette manière vous agissez directement sur ses circuits mentaux.

Nous avons dit tout à l'heure que nous souhaitions « compliquer le jeu ». Mais le but poursuivi dans une première phase n'est pas le même que celui que vous souhaitez atteindre dans la seconde.

Autrement dit, lors d'un premier temps, vous vous préparez à pouvoir vous adapter à toutes sortes de circonstances afin de n'être pas démuni face à d'éventuels événements imprévus et de toujours vous trouver en mesure d'y faire face.

Cependant, lorsque vous passerez à la phase active, essayez, dans la mesure du possible, de vous faciliter la tâche.

METTEZ TOUS LES ATOUTS DE VOTRE COTÉ POUR QUE VOTRE PROJECTION SOIT EFFICACE

Reprenons notre exemple du restaurant.

- Il est parfaitement inutile de vous mettre des charges supplémentaires sur les épaules si vous pouvez l'éviter.
- Choisissez donc de préférence un restaurant calme, à une heure où celui-ci n'est pas en plein « coup de feu ».
- Si vous pouvez prévoir un dîner aux chandelles, ce sera parfait. Vous vous voyez vraiment, pendant que votre vis-à-vis vous entretient de choses et d'autres, en train de scruter fixement l'ampoule du plafond pour susciter l'apparition d'un phosphène ? Vous passeriez rapidement au mieux pour un goujat, au pire pour un doux dingue !

Le dîner aux chandelles présente deux avantages majeurs :

- Tout d'abord, vous êtes certain de bénéficier d'un éclairage intime et de ne pas souffrir ainsi d'une lumière trop directe, trop violente.
- De plus, vous pouvez fort bien fixer la flamme sans pour autant capter l'attention.

En fait, vous serez, dans de telles conditions, proches du climat dont vous bénéficieriez lors d'une projection à distance, c'est-à-dire dans une atmosphère quasi idéale. Vous ne devez en aucun cas vous laisser « surprendre ».

Si vous pratiquez durant un moment de silence et que votre vis-à-vis vous demande à quoi vous pensez, ayez recours à un mot-clé, subtilement introduit dans la conversation, et que vous aurez défini à l'avance afin de ne pas perdre intégralement le produit de votre concentration.

CE N'EST QU'APRÈS AVOIR « RODÉ » VOTRE PROJECTION QUE VOUS POURREZ VOUS RISQUER A UNE TRANSMISSION DIRECTE

Rappelons qu'une projection « à vide » serait un coup d'épée dans l'eau.

Vous êtes tel un acteur qui, au terme de nombreuses répétitions, peut interpréter son personnage, sa situation de manière naturelle, comme si l'histoire qu'il nous raconte était intimement liée à sa propre existence.

Ce n'est qu'après avoir « rodé » votre projection que vous pourrez vous risquer à une transmission directe, dont chaque détail sera soigneusement élaboré.

UNE PROJECTION MULTISENSORIELLE

Il est certain que la projection idéale serait celle qui associerait tous les sens, possédant à la fois une dimension visuelle, auditive, tactile; en quelque sorte une « projection en trois dimensions », à laquelle vous ajouteriez, comme une épice, la pensée directrice du plaisir, non pas le vôtre mais celui de la personne sur laquelle vous avez jeté votre dévolu.

Vous entendez, avec sa voix, les paroles qu'elle va prononcer. Vous ressentez le contact de sa peau. Vous la voyez en train d'accomplir ce que vous souhaitez qu'elle fasse. Si l'association, du type « couteau suisse » de ces multiples fonctions présente pour vous quelque difficulté, choisissez de préférence celle que vous maîtrisez le mieux. Si vous y mettez « toute la gomme », elle possédera un impact certain.

SI VOUS AVEZ BIEN « PRÉPARÉ LE TERRAIN », IL EST DOUTEUX QUE VOTRE PROJECTION NE SOIT SUIVIE D'AUCUN EFFET...

Que faire si votre projection télépathique échoue? Tout d'abord vous assurer qu'il y a réellement échec et surtout ne pas baisser les bras. Si vos projections télépathiques à distance ont bien préparé le terrain et « préconstruit l'événement », il est douteux que votre projection directe ne soit suivie d'aucun effet.

Nous nous devons pourtant de signaler que la répercussion, c'est-à-dire la reddition de l'autre et sa « soumission » à vos injonctions télépathiques, n'est pas nécessairement immédiate et spontanée.

Plusieurs éléments peuvent jouer dans le fait que vous puissiez connaître un « effet différé ».

En premier lieu, votre propre force d'émission télépathique, force que nous avons souvent tendance à surestimer en nous contentant de résultats approximatifs, dont les failles n'apparaissent que lors d'une opération « in vivo ». Un « quasi-succès » n'est pas un succès, loin s'en faut. En ce cas, vous devrez vous remettre à étudier, plus posément, les exercices que nous avons préconisés.

En second lieu, beaucoup de choses dépendent de la force de caractère de la personne sur laquelle vous projetez. C'est un élément à ne pas sous-estimer. Certaines personnes sont plus ou moins rebelles à toute forme de suggestion. C'est un phénomène couramment observé en hypnose ou en sophrologie.

Si un message, émis par votre inconscient, vous avertit de la vanité de votre approche télépathique, n'insistez pas. Cependant, votre transmission peut ouvrir une brèche sans pour autant faire tomber le mur.

Votre injonction, gravée dans son inconscient, va y accomplir progressivement son travail, même si elle se heurte, provisoirement, à une résistance que vous n'aviez pas prévue, inhérente au fait que vous vous trouvez face à quelqu'un qui n'aime pas se soumettre d'office.

Enfin, il se peut que vous ayez eu les yeux plus gros que le ventre en vous attaquant à une personne à priori résolument hostile à ce que vous projetez.

En vous plaçant comme élément récepteur, peut-être pourrez-vous prendre conscience de ses besoins réels et de la manière de contourner le problème.

RÉSULTAT DIFFÉRÉ OU FIN DE NON-RECEVOIR ?

Il est également possible que l'image envoyée soit trop brutale et ne tienne pas vraiment compte de la sensibilité de votre vis-à-vis.

Pour savoir si vous êtes confronté à un « résultat différé » (qui pourra être accéléré en poursuivant vos travaux d'émission télépathique à distance) ou à une fin de non-recevoir, arrangez-vous pour vous trouver sur le chemin de cette personne dans la semaine qui suit votre « projection directe ».

Observez ses réactions :

- Son attitude a votre égard semble-t-elle s'être modifiée ? De manière positive ou négative ? A moins qu'elle ne soit demeurée résolument stable.
- Si son attitude vous paraît positivement changée, vous avez encore toutes vos chances ; les résultats ne sont que différés. Apparemment, vous avez commis quelques erreurs – la plus fréquente étant l'insuffisance de concentration – mais celles-ci peuvent être aisément rattrapées.
- Si, toutefois, ce changement marque une nette différenciation avec son comportement antérieur, c'est que votre message a bien été perçu mais que la forte opposition de l'individu en question à toute forme d'influence en a retardé les effets. Il sera dans ce cas utile, bien que non indispensable, de poursuivre vos émissions à distance. Votre message produira dans peu de temps un résultat. Un second rendez-vous, appuyé par une injonction télépathique directe, vous mènera au triomphe.

- Si la personne vous recontacte de manière spontanée, laissez le temps faire son travail. Celui de votre victoire est proche. Simplement, par amour-propre, votre future conquête n'a pas jugé bon de donner suite dès la naissance de son désir.
- Si le comportement de votre cobaye involontaire est de nature très hostile, persévérer serait une vraie folie. En effet, vous avez bien été reçu cinq sur cinq mais votre message n'a que peu de chances d'aboutir, celui-ci étant perçu comme une agression mentale.
- Si, enfin, aucune modification n'est intervenue, ni dans un sens ni dans l'autre, il sera certain que vous avez perdu la bataille mais pas forcément la guerre.

Vous êtes confronté à l'un des deux cas suivants :

- 1) La personne n'est en aucun cas réceptrice et n'a pas perçu votre message. Cette non-communication n'est pas liée spécifiquement à votre personne mais inhérente à sa personnalité. Une telle personne a l'habitude d'être obéie, non d'obéir, d'influencer, non d'être influencée, et vous n'y pouvez malheureusement rien. Ce qui ne veut pas nécessairement dire que toute tentative de relation soit vouée à l'échec. Mais c'est elle qui en décidera, pas vous.
- 2) Vous n'avez pas suffisamment préparé le terrain et avez voulu vous lancer prématurément dans l'exercice de la télépathie en direct. En résumé, vous devrez retourner à la case départ, ou peu s'en faut.

L'exercice de la télépathie, quand elle prétend à autre chose qu'à être un simple jeu de société, nécessite de la part de l'opérateur énormément de patience. Mais celle-ci, après qu'il ait livré ses pensées à une certaine forme de discipline, en sera récompensée au-delà de toute mesure.

PROJETER UNE SITUATION LIÉE A VOTRE VIE PROFESSIONNELLE

Si votre transmission télépathique concerne le domaine des affaires, vous vous trouverez exposé à un nouveau type de contexte.

Voici comment vous allez procéder :

Supposons que vous soyez face à votre patron (futur ou actuel) ou votre associé virtuel.

- Vous devez le convaincre du bien-fondé d'une promotion, d'une augmentation ou d'une affaire que vous envisagez.
- Vous vous trouvez face à lui, dans un bureau uniquement éclairé au néon. Vouloir transmettre une image demanderait une concentration trop intense pour que celle-ci ne soit pas remarquée et prise pour un signe d'inattention, voire d'intérêt pour les propos de vos vis-à-vis. La création d'un phosphène est également à exclure car aucun des éléments vous permettant de le susciter ne se trouve à votre portée.

Vous ne pourrez donc, en ce cas, user que de deux « armes » :

- La pensée et l'acouphène, auxquels vous pourrez ajouter, si les conditions s'y prêtent, une image furtive, qui ne trouvera sa force que dans la répétition. Des sortes de « flashs » de quelques secondes à peine.
- Cet acouphène reproduira, avec la voix de votre interlocuteur, la phrase qui résume le mieux l'aboutissement de vos tractations.
- Vous devrez, bien entendu (c'est le cas de le dire…), définir cette phrase bien avant votre entrevue.

Dans le cas inverse, votre recherche, même si elle aboutit rapidement, de la formule exacte sera source d'une confusion qui ne pourra que nuire à la cohésion de votre message, et, par voie de conséquence, à une transmission télépathique efficiente. Là encore, votre entrevue ne sera que l'aboutissement d'un travail télépathique préalable, dans lequel vous aurez, en quelque sorte, fixé les bases de votre avenir.

CHAPITRE VII

Déjouez les influences Télépathiques d'autrui

QU'APPELLE-T-ON ENVOÛTEMENT TÉLÉPATHIQUE ?

LA plupart d'entre nous possèdent, dans des proportions diverses, un aspect réceptif et un aspect émetteur. C'est la vieille loi du Yin et du Yang, de l'Animus et de l'Anima.

De cette affirmation découle une vérité fondamentale : Tout être doué de sensibilité (car la transmission d'un message télépathique peut également s'effectuer de l'homme à l'animal) est susceptible de devenir l'objet d'une influence télépathique, d'ordre direct ou à distance. Celle-ci n'est pas nécessairement consciente, ni même d'ailleurs nocive par essence. La transmission de pensée, d'une part, peut s'effectuer de manière tout à fait involontaire. D'autre part, ce qui est projeté peut être d'ordre essentiellement positif et ne pas être destiné à vous nuire. Néanmoins, vous devez savoir que l'envoûtement télépathique existe, et que ses effets peuvent être terrifiants. Ce type d'envoûtement, qui ne diffère de l'envoûtement classique que dans la forme spécifique de ses modalités d'action, émane la plupart du temps de personnes qui n'ont pas conscience de l'exercer, ce qui le rend quelquefois difficile à déceler.

EXEMPLES PRATIQUES D'ENVOÛTEMENT TÉLÉPATHIQUE

Le cas le plus fréquent se rencontre dans les rapports existant entre les mères et leurs enfants.

Une parole répétée régulièrement, une pensée récurrente, qu'il s'agisse de l'avenir, ou parfois d'un accident, peuvent exercer une influence prépondérante sur sa progéniture, laquelle aura parfois du mal à se dégager des injonctions parentales.

Les personnes adultes sont, quant à elles, la plupart du temps confrontées à une « télépathie de groupe » qui, là encore, n'est pas la résultante de personnes au fait des phénomènes télépathiques.

Vous vous trouvez, par exemple, dans une pièce où se trouvent réunies plusieurs personnes qui éprouvent envers vous de l'aversion. Leur haine finira par créer un environnement nocif, par l'accumulation de pensées négatives dont vous serez, parfois à votre corps défendant, percipient.

A l'inverse, une personne amoureuse de vous, même si vous ne réalisez pas qu'elle vous aime, va créer autour de vous un champ positif. Son influence, cependant, est susceptible de vous entraîner à des actions que vous n'auriez pas forcément envisagées. Tout, direz-vous par la suite, s'est passé « presque malgré vous ».

Cette influence peut également émaner d'une personne possédant une forte personnalité, qui vous impose sa volonté sans avoir besoin pour cela de stratagèmes particuliers. Il s'agit de ce type d'individus auxquels, sans savoir pourquoi, vous êtes incapable de dire « non ».

VOUS DEVEZ BARRER LA ROUTE A TOUTE FORME DE DOMINATION TÉLÉPATHIQUE... MÊME SI CELLE-CI EST POSITIVE !

Comment vous dégager de ce type d'influences ?

Avant d'aller plus loin dans notre propos et d'étudier les pratiques vous permettant de passer outre ce type de phénomènes, une petite précision s'impose : vous devez barrer la route à toute forme de domination télépathique.

Quoi, s'étonnera le lecteur, même celles qui sont positives ? La réponse est affirmative et nous allons voir pourquoi.

Accepter qu'une personne puisse vous asservir, d'une telle manière, même si vous bénéficiez de ses effets, est le premier pas vers une soumission inconditionnelle. Rien ne vous empêche de noter la teneur du message télépathique qui vous est envoyé et d'en tenir compte dans vos actions ultérieures. Mais du moins agirez-vous en toute connaissance de cause, de votre propre gré, sans être la proie, même consentante, d'une injonction télépathique. Donner votre accord à une telle forme de dépendance serait laisser la porte ouverte à toutes sortes d'influences, dont certaines pourraient vous être nocives. Vous devez à tout moment demeurer maître du jeu.

Avant d'agir, il conviendra cependant de définir la nature de ce que vous avez captée : s'agit-il d'un message qui vous est, consciemment ou inconsciemment envoyé, ou d'une pensée que vous avez capté et dont la force active est moindre. En bref, ce que vous recevez est-il l'effet d'une émission d'autrui ou de votre perception propre ? Pour mieux répondre à cette question, il nous faut définir les traits caractéristiques des « récepteurs » et des « émetteurs ».

APPRENDRE A RECONNAÎTRE LES PERSONNES ESSENTIELLEMENT ÉMETTRICES

Chez une personne dont les dons télépathiques (que ceux-ci aient, ou non, été travaillés selon les méthodes étudiées) sont davantage portés sur l'émission.

Vous rencontrerez souvent l'une des caractéristiques suivantes :

- **a)** Le corps demeure droit et ferme, les épaules sont dans l'axe du cou.
- **b)** Une telle personne regarde son vis-à-vis droit dans les yeux.
- **c)** Elle est souvent très entourée et il est fréquent qu'on vienne lui demander son opinion
- **d)** Quand elle parle, elle est écoutée avec attention.
- **e)** Ses discours sont clairs et précis, sans un mot de trop ou manquant.

COMMENT RECONNAÎTRE UNE PERSONNE ESSENTIELLEMENT RÉCEPTRICE

Chez une personne plus réceptive, vous rencontrerez souvent les traits suivants :

- **a)** Le regard est rêveur ou fuyant.
- **b)** Cette personne appartient davantage aux « bons suivants » qu'aux meneurs.
- **c)** Elle a souvent du mal à trouver le mot exact ou parle quelquefois à tort et à travers, comme pour se donner une contenance.

- **d)** Les épaules sont légèrement voûtées ou rentrées en avant.
- **e)** L'individu est souvent anxieux et semble éprouver la crainte continuelle de déplaire.
- **f)** On le trouve souvent en duo avec une personne possédant une forte personnalité et qui, d'une certaine manière le protège.

Cependant, méfiez-vous car il arrive que les apparences soient trompeuses. Nous avons déjà étudié la « dynamique de la bulle » mais cette technique peut difficilement s'appliquer à un lieu public. Pour cela, il faudrait que vous soyez parvenu au summum de votre capacité « d'isolement intérieur ». Il en existe d'autres, mieux adaptées à des circonstances quotidiennes.

MÉTHODES POUR CRÉER UN « BARRAGE TÉLÉPATHIQUE »

Voici comment vous allez procéder :

- Si vous sentez que l'on tente de vous influencer, notez en premier lieu la teneur du message qui vous est envoyé.
- Choisissez un lieu isolé (par exemple les toilettes) où vous pourrez œuvrer loin de tout regard indiscret.
- Expirez une dizaine de fois par les narines, en serrant fortement les poings. Recommencez vos exercices respiratoires, mais cette fois-ci par la bouche. Vous devez avoir la sensation que vous vous videz, à chaque expir, de la pensée intruse qui vous phagocyte.

Lorsque l'exercice sera achevé, desserrez brusquement les poings, comme si vous vouliez que les vibrations qui vous sont transmises repartent dans l'astral.

Un autre exercice consiste à imaginer, au niveau de votre plexus solaire, une croix de couleur rouge qui forme un barrage à toute pensée parasite.

- Cette croix n'est pas la croix chrétienne telle qu'elle est généralement présentée, pour des raisons symboliques que nous allons expliciter, car tout symbole possède une puissante influence au niveau des plans subtils.

Dans la croix chrétienne, la branche verticale est trop proche du sommet pour que l'ensemble soit efficace dans le cas qui nous occupe. Ce serait le cas si la protection recherchée concernait uniquement le plan spirituel, autrement dit si la projection ne nous affectait qu'au niveau mental ou psychique. Or, nous avons vu que c'était loin d'être le cas. Un message télépathique peut être perçu de multiples manières et influer sur notre comportement tout entier.

Votre croix ressemblera davantage à celle des croisés ou des templiers. Autrement dit, la barre horizontale sera équidistante des deux parties verticales. Vous pouvez également, dans une telle perspective, avoir recours à la croix de Saint André, laquelle emprunte approximativement la forme du signe de multiplication.

CHAPITRE VIII

L'image Télépathique « personnalisée »

MÉDIUMNITÉ TÉLÉPATHIQUE

NOUS avons vu que la télépathie constituait une sorte de charnière entre la médiumnité et la magie. C'est précisément la première que vous allez utiliser pour la recherche que nous vous proposons, et qui peut s'avérer déterminante quant aux effets de votre transmission télépathique.

Il ne s'agira pas ici de vous livrer à l'exploration d'un futur proche ou lointain mais de décoder certains éléments occultés du présent. Une médiumnité qui, sous un certain angle, demeure très proche de la télépathie puisque vous ne ferez rien d'autre, au moyen d'un support approprié (mise en scène rituelle qui, comme nous l'avons étudié, n'est pas dénuée d'importance), que puiser une information dans la psyché d'une autre personne, voire dans votre propre inconscient, car le type d'informations que vous allez rechercher s'y trouve probablement.

Une telle technique pourra être utilisée dans deux cas de figure.

- **1)** En dépit d'un respect rigoureux des instructions contenues dans ce livre et d'une concentration maximale, vos projections ont abouti à un échec des plus flagrants.
- **2)** Vous désirez, avant d'agir, savoir sur quel terrain vous allez vous engager et quel est le meilleur « angle d'attaque » au niveau télépathique.

En résumé, il peut tout aussi bien s'agir d'une opération préalable que d'un « bis » mieux adapté afin de mesurer les obstacles.

L'IMAGE QUE VOUS FORMULEZ EST-ELLE « RECEVABLE » PAR LA SENSIBILITÉ DE CELUI (OU DE CELLE) À QUI VOUS VOUS ADRESSEZ ?

Vous allez créer une image télépathique de la situation telle que vous souhaiteriez la vivre. Mais l'image que vous formulez est-elle « recevable » par la sensibilité de celui (ou de celle) à qui vous vous adressez ?

Votre projection ne s'est construite qu'en fonction de votre propre affectivité ; il est possible qu'elle ne corresponde pas à celle de votre percipient virtuel auquel cas votre transmission risque d'être frappée de nullité. Il conviendra donc de créer une situation qui prenne non seulement en compte votre propre satisfaction mais également les désirs profonds de l'autre, ce qui ne constitue pas nécessairement une évidence.

Deux exemples vont vous permettre de mieux comprendre la nature d'une telle dichotomie et la nécessité de connaître l'angle d'attaque qui vous sera le plus favorable.

EXEMPLES PRATIQUES DÉMONTRANT LA NÉCESSITÉ DE PERSONNALISER VOS IMAGES TÉLÉPATHIQUES

A est amoureux fou de B.

- Son cheval de bataille, ce sont les relations tendres et équilibrées, où chacun peut se permettre d'être tour à tour fort ou faible.
- Il va donc, en toute confiance, créer l'image de cette tendresse aboutie, réalisée, sous la forme du symbole qui pour lui la représentera le mieux.

L'ennui c'est que, pour sa part, B ne rêve que d'une chose : un homme qui la domine, voire par moments la rudoie et lui serve tout à la fois de « super papa » et de « garde-fou ».

Même si l'on suppose qu'elle a reçu cinq sur cinq l'image émise par A, elle sera jugée « irrecevable » par son inconscient qui soit l'occultera totalement, soit en tirera la conclusion que A n'est pas l'homme dont elle a besoin.

À présent, prenons, parmi toutes celles qui s'offrent à notre sympathique et désemparé A, la possibilité suivante :

- Il est vraiment très « accro » à B et estime que, quitte à remettre ultérieurement les pendules à l'heure, il veut à tout prix vivre une histoire d'amour avec B, dût-il, pour que celle-ci devienne possible, tricher avec lui-même.
- Il va donc, après avoir déterminé celle-ci par les moyens que nous étudierons plus loin, envoyer vers B l'image télépathique qui correspond le mieux aux désirs de cette personne, davantage qu'aux siens propres, ancrant ainsi en B la certitude qu'une histoire avec A lui apporterait ce à quoi elle aspire.

Le deuxième exemple concerne le monde des affaires.

- Il possède l'avantage certain que, à l'inverse du domaine des sentiments, un contrat est un contrat, et qu'il sera plus difficile à la personne qui l'a signé de revenir en arrière, même si elle venait à réaliser que vous ne correspondez pas vraiment à l'image qu'elle s'est faite de vous. Il ne s'agit pas ici de tricher sur vos compétences mais bel et bien de mettre en avant les qualités recherchées.

Un petit dessin valant mieux qu'un long discours, observons ce second exemple.

- Vous êtes persuadé que ce qu'on cherche en vous, c'est une parfaite qualité de gestion. C'est dans cette perspective que vous allez créer votre image télépathique. Or, ce que cherche avant toutes choses votre futur employeur, c'est une personne ayant une bonne connaissance des affaires internationales. Votre image créera donc un sentiment de manque et de frustration, ce qui est d'autant plus dommage que vous possédez également les compétences recherchées. En ciblant mieux l'image projetée, vous ferez un véritable carton.

EN CIBLANT MIEUX L'IMAGE PROJETÉE, VOUS SEREZ A DEUX DOIGTS DU TRIOMPHE

Autre exemple :

Vous désirez vous associer

- Vous souhaitez mettre en avant votre probité, votre parfaite connaissance du terrain.
- Ce que recherche votre futur associé, c'est un « brasseur d'affaires » persuadé que la fin justifie les moyens et prêt à tout pour arriver.
- Si vous projetiez votre image initiale, vous ancreriez dans l'inconscient de ce partenaire, peu scrupuleux mais capable de voir loin et surtout de vous aider efficacement dans la réalisation de vos projets, l'image que vous manquez désespérément d'ambition, ce qui n'est pas nécessairement le cas.

Vous vous trouverez dans le même cas de figure si vous projetez une grosse réussite commerciale alors que ce que souhaite en priorité votre futur associé, c'est une personne passionnée par un domaine qui, lui-même, le motive sincèrement.

Même s'il connaît également des impératifs commerciaux (on ne vit pas d'amour et d'eau fraîche), il jugera que vous ne faites pas l'affaire puisque vos ambitions sont strictement d'ordre financier et qu'il n'y aura pas, avec vous, de terrain d'entente possible.

LA RECHERCHE QUI VOUS PERMETTRA DE CONNAÎTRE LES DÉSIRS DE VOS FUTURS PARTENAIRES, EN AMOUR COMME EN AFFAIRES

Les exemples proposés montrent bien comment une fausse interprétation des désirs de l'autre et un filtrage de la réalité à travers son unique volonté peuvent amener un résultat inverse à celui désiré.

Pour créer une « image télépathique personnalisée », vous aurez recours au pendule ou à tout autre mode divinatoire qui vous conviendra mieux. Personnellement, nous pencherions davantage pour la méthode radiesthésique, le pendule étant tout à la fois simple d'emploi, efficace et offrant des réponses d'une précision étonnante.

Il permet également de mieux cerner les problèmes que nous abordons. En effet, les réponses qu'offre le pendule ne pouvant, la plupart du temps, être formulées que de manière binaire (oui ou non, le oui se traduisant généralement par un mouvement giratoire vers la droite, et le non par un mouvement rotatif vers la gauche de l'opérateur), il est évident qu'elles devront être posées de la manière la plus claire possible. Poser les questions une à une « Untel attend-t-elle d'un homme…» est un travail pénible et fastidieux.

Chaque réponse risque en effet de susciter de nouvelles questions et la liste des qualités et défauts (car un individu, quel que soit son sexe, peut chercher en l'autre ce que vous considérez, à tort ou à raison, comme des défauts) terriblement longue.

Aussi nous vous conseillons une méthode qui va vous simplifier la vie : celle dite de la règle radiesthésique.

CRÉER UNE RÈGLE RADIESTHÉSIQUE

Voici comment vous allez procéder :

- Munissez-vous d'une double copie quadrillée format A3.
- Vous pouvez, bien entendu, utiliser un autre type de papier mais, dans un premier temps, ce sera pour vous plus pratique d'avoir recours à ce que nous préconisons.
- A l'aide d'un double décimètre, tracez une longue ligne horizontale sur laquelle vous effectuerez six graduations, déterminant plusieurs zones.
- Sur le trait du milieu, vous inscrirez le mot « Neutre ».
- À l'extrême gauche de votre règle radiesthésique « Aisance financière ».
- Sur le premier trait « Domination ».
- Sur le suivant « Soumission ».

Nous allons à présent explorer l'autre côté de la règle, au-delà du « Neutre ».

- Sur la graduation suivante, inscrivez le mot « Sexe ».
- Sur le second degré de la partie droite « Tendresse ».
- Sur le troisième « Amour ».
- Enfin, tout au bout de la ligne, inscrivez le mot « Evolution spirituelle ».

Vous avez donc défini sept niveaux de conscience différents, sept zones qui vont déterminer la volonté profonde de celui ou de celle à qui vous désirez transmettre une injonction télépathique. Si nous avons recommandé la feuille la plus large possible, c'est pour une raison d'ordre strictement pratique : vous devez, entre deux traits, laisser un espace suffisant pour pouvoir déterminer les hésitations, les nuances et les contradictions qui sont le propre de l'être humain.

MODE D'EMPLOI DE LA RÈGLE RADIESTHÉSIQUE

Voici comment vous allez procéder :

- Prenez votre pendule entre le pouce et l'index.
- Vous allez à présent déterminer une « convention mentale », qui guidera son mouvement à travers l'espace. Cette convention peut, en principe, être simplement pensée par l'opérateur mais, si vous êtes novice en radiesthésie, mieux vaut l'énoncer clairement, à haute et intelligible voix.
- La convention sera la suivante : *« Mon pendule se dirige vers la zone de droite qui correspond le mieux à ce que x attend d'un homme (ou d'une femme si x est un homme) ».*
- Attendez quelques secondes.
- Si votre pendule n'a même pas oscillé, reposez votre convention. Point n'est besoin pour cela de la reformuler in extenso. Les derniers mots, à la manière d'un *« rappel »*, suffiront. Ou simplement : *« qu'attend x d'un homme ».*
- Si vous n'êtes pas un familier du pendule, n'hésitez pas à induire le mouvement initial en faisant balancer celui-ci vers la droite. Au bout de quelques instants, il se stabilisera de lui-même au-dessus d'une zone déterminée.

Dans certains cas, il entamera un mouvement giratoire positif (vers la droite). Il est rare cependant que nos désiderata soient parfaitement clairs et tranchés. Pour cette raison, dans la plupart des cas, votre pendule se stabilisera ou se mettra à girer entre deux graduations, voire oscillera (mouvement latéral) entre diverses zones sans lien apparent entre elles.

COMMENT INTERPRÉTER LA RÉPONSE OBTENUE

Il ne vous reste plus qu'à interpréter la réponse que vous avez obtenue par le biais de cette méthode. Supposons que votre pendule se stabilise entre le degré « Neutre » et le degré « Sexe ». Observez alors duquel des deux domaines il semble le plus proche.

S'il est à très faible distance du « Neutre »

- Vous vous trouvez face à une personne qui n'est pas dans une phase de recherche particulière, même si elle éprouve quelquefois de faibles manques au niveau sexuel. En ce cas, vous ne pourrez pas avoir recours à une image trop « agressive » en ce sens.

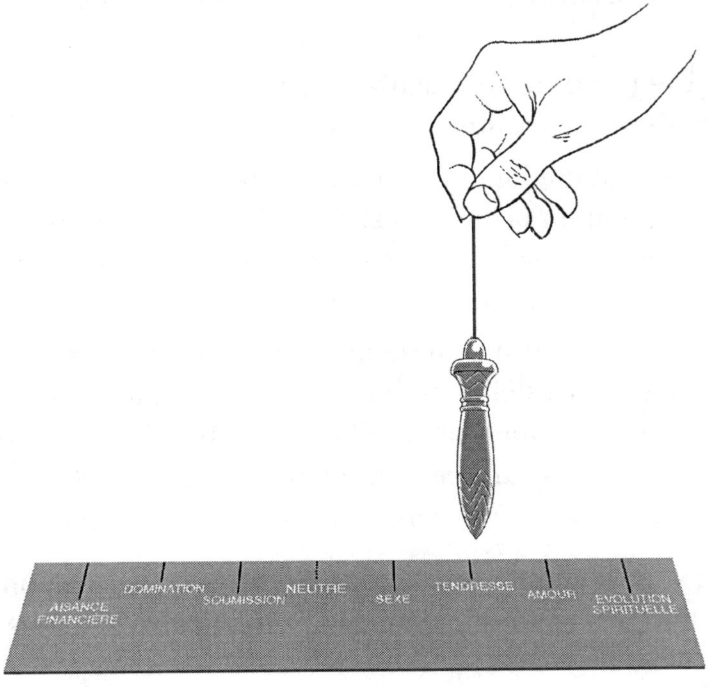

Si votre pendule stagne au milieu de ces deux degrés

- Une transmission télépathique intense, sans sombrer dans l'obscénité, est susceptible de faire basculer les choses. Ce qui sera encore plus flagrant si le pendule est plus proche du degré « Sexe ».
- Entre « Sexe » et « Tendresse » : le lieu d'immobilisation ou de giration de votre pendule vous renseignera sur le dosage ad hoc.

Supposons à présent que le pendule effectue un mouvement latéral incessant entre « Sexe » et « Evolution spirituelle ».

- De deux choses l'une : soit vous vous trouvez face à une adepte de l'érotisme mystique (une Scorpionne versée dans l'art tantrique ?), soit les deux constituent à part égale des pôles d'attraction considérables pour elle.

Si le pendule, invariablement, revient à la zone « neutre »,

- Voire entame une forte giration au-dessus de celle-ci, la personne en question est probablement hors d'atteinte de toute forme de suggestion. Elle ne cherche rien chez un homme car elle n'en recherche pas.

  Il peut y avoir à cela de multiples raisons, allant du fait qu'elle soit fidèle à une autre personne, avec une ténacité et un amour sans faille, à une préférence sexuelle qui ne va pas dans ce sens, en passant par un état tel qu'il ne laisse place à aucune possibilité d'aventure.

Si vous souhaitez davantage de clarté dans la réponse et connaître les raisons majeures de cette neutralité, vous pouvez interroger votre pendule « au coup par coup ».

COMPORTEMENTS PARTICULIERS DU PENDULE

Si, en dépit de votre convention mentale et de votre élan initial, votre pendule part en sens inverse, vers la gauche, c'est peut-être tout simplement parce qu'aucun des domaines situés dans la partie droite n'entre dans l'ordre des priorités de la personne concernée par vos questions.

Cela peut sembler logique si « l'aisance financière » est ce qu'elle recherche. Mais à beaucoup, il échappera qu'on puisse souhaiter, au détriment de tout autre domaine, la soumission ou la domination en dehors du domaine bien déterminé des perversions sexuelles.

Certaines personnes ne vivent cependant qu'à travers des relations de pouvoir, même s'il s'agit là, somme toute, d'une forme de névrose obsessionnelle.

Telle personne va à tout prix tenter de reproduire des schémas parentaux et, si ce besoin de pouvoir ou d'obéissance est assouvi, considérera comme secondaire le fait que son partenaire soit tendre ou l'épanouisse sexuellement.

DÉTERMINER VOTRE « ZONE D'ACTION TÉLÉPATHIQUE » ET VOTRE MARGE DE MANŒUVRE

Quand vous aurez exploré les possibilités qu'offre la partie droite, penchez-vous sur celles dont vous pouvez bénéficier par la partie gauche de votre règle radiesthésique, en posant une convention mentale similaire à la première.

Si votre pendule se stabilise à mi-chemin entre « Domination » et « Soumission »,

- Cela signifie très probablement que votre futur (e) partenaire recherche prioritairement des rapports d'équilibre. Ne prenez pas les réponses obtenues dans cette partie comme des définitions absolues.
- Elles doivent être tempérées par celles de la partie droite, et ce n'est qu'en établissant la synthèse entre ces deux phases que vous pourrez déterminer réellement votre zone d'action télépathique, c'est-à-dire la nature même de l'image que vous allez créer pour subjuguer votre percipient (e) – et non votre percepteur… encore que…–. Au besoin, en posant des questions supplémentaires, précises et pertinentes à votre pendule afin de mieux compléter le tableau. N'oubliez pas de noter vos réponses sur un petit cahier ni de prendre en compte la puissance des girations du pendule.
- **Très faible**, elle indiquera qu'il s'agit du domaine que vous êtes le mieux à même d'influencer mais que la personne n'est pas engagée dans la quête acharnée de ce qu'il détermine.

LE DÉSIR AFFICHÉ CORRESPOND-IL AUX BESOINS VITAUX ?

À quoi vont vous servir ces notes? À établir des comparaisons avec la seconde recherche radiesthésique que vous allez effectuer. Vous avez en effet à présent défini les pulsions profondes de votre futur récepteur (trice). Il vous reste à savoir si ce désir affiché correspond réellement à ses besoins vitaux. Votre seconde exploration portera donc sur ce dont aurait besoin x pour s'épanouir. Gardez la même règle radiesthésique et interrogez votre pendule en fonction de cette perspective nouvelle.

A quoi bon une telle recherche ? La première ne suffit-elle pas ? s'interrogera le lecteur impatient de passer à des choses « plus sérieuses » et d'entamer le « plat de résistance » télépathique. Le but d'une telle opération est double.

Tout d'abord, vous saurez, avec davantage de certitude que par l'unique médiateur de votre intuition, si la personne en question (c'est le cas de le dire…) est en accord avec elle même si ce qu'elle cherche correspond à ce qui l'épanouirait. Si ce n'est pas le cas, elle n'en sera que plus aisément « manipulable ». Du moins dans un premier temps car, si l'écart est important, la gestion au quotidien de pulsions contraires demandera énormément de doigté.

En second lieu, cet exercice, loin de constituer une répétition du premier, le complétera efficacement, vous permettant de définir avec précision votre marge d'action.

EXEMPLE PRATIQUE D'IMAGE TÉLÉPATHIQUE PERSONNALISÉE

Afin de mieux nous faire comprendre, reprenons notre exemple antérieur de la pulsion de A envers B.

Dans sa première exploration, A a pu définir que ce que B demandait à un homme, c'était d'être dominée.

Cependant, la seconde recherche détermine que ce dont aurait besoin B en réalité pour s'épanouir, est proche de la tendresse, c'est-à-dire en fait le désir affiché de A. A, dans ce cas, est bien inspiré d'avoir recours à la pratique télépathique.

Il ne sera pas tenu de se conforter éternellement à l'image qui a séduit B et pourra faire progressivement faire évoluer la relation pour leur bonheur mutuel. Mettons à présent nos forts sympathiques protagonistes dans un cas de figure tout à fait différent.

CAS DE FIGURE DANS LEQUEL IL EST INUTILE D'AVOIR RECOURS À LA PROJECTION TÉLÉPATHIQUE... A MOINS D'ÊTRE MASOCHISTE !

A désire vivre un grand amour avec B.

- B, quant à elle, n'envisage les hommes que sous le seul angle des rapports sexuels.
- Une seconde analyse montre que cette volonté correspond actuellement à l'unique voie qui l'épanouisse.
- A décide cependant de passer outre et émet une image à forte connotation sexuelle.
- L'inconscient de B enregistre l'injonction télépathique et la notion de plaisir qui lui est inhérente.
- Elle établit avec A une relation sur cette base.
- Le problème, c'est que A, passée la première euphorie d'avoir su triompher de l'obstacle, aura peu de chances d'accéder à ce à quoi il aspire… du moins avec cette personne.

Son action demeurera donc en partie frappée d'inanité. Mais, d'une certaine manière, il savait qu'il risquait de s'exposer à une telle incompréhension et c'est en toute connaissance de cause qu'il a pris le risque, n'ignorant pas que sa marge d'action était extrêmement limitée.

Cet exemple montre parfaitement l'importance de la deuxième phase.

À moins que vous ne soyez spécialement attiré par les personnes hypocrites et manipulatrices, il est certains cas, hormis celui que nous venons d'étudier, dans lesquels une action télépathique ne pourrait vous procurer aucun avantage.

Ce sont ceux dans lesquels votre première analyse, celle des désirs conscients, de la volonté apparente d'une personne se situerait en apparence plus volontiers dans la partie droite, celle des « sentiments élevés » et dont le souhait profond, celui susceptible de les mener vers le plein épanouissement, davantage vers la partie senestre.

DÉCELER CEUX (ET CELLES) QUI SE MENTENT A EUX-MÊMES...

En première analyse, les désirs profonds de B sont une relation équilibrée et une histoire d'amour.

Lors de votre second examen, vous constatez que son véritable moteur réside avant tout dans l'aisance financière et le sexe.

Autrement dit, une telle personne se ment, délibérément ou non, à elle-même, cachant son jeu qu'elle déploiera cependant, à votre grande surprise, à un moment ou un autre de la relation.

En revanche, l'inverse a bien moins d'incidences parce qu'une telle attitude relèverait tout simplement d'une forme de pudeur.

Par exemple, B. souhaite, consciemment, une relation sexuelle et qu'un homme lui soit soumis. Ce qu'elle cherche en réalité, c'est une vraie histoire d'amour et des rapports équilibrés. Mais, suite à de multiples déceptions, elle n'y croit plus vraiment. Elle a « fait une croix dessus ».

Il ne vous reste, si du moins c'est là où vous désirez en venir, que « l'amour existe encore ».

COMMENT ÉVITER L'ÉCUEIL DU « VIOL PSYCHIQUE »

Une précision qui a son importance : en aucun cas, vous ne devez projeter une image télépathique en fonction des données recueillies en seconde analyse. A moins, bien entendu, que celles-ci ne soient en parfaite adéquation avec les informations obtenues lors de la première. Pénétrer par effraction dans les pensées les plus intimes, celles qu'elle se dissimule à elle-même, d'une personne peut être ressenti comme un viol psychique ; celle-ci peut alors former, sans même en avoir conscience, un « barrage mental » quasi inébranlable à toute tentative postérieure d'incursion ou d'influence. De plus, rares sont ceux qui assument leurs désirs véritables.

Offrez-lui, dans un premier temps, ce qu'elle (ou qu'il) demande, non ce dont elle (il) a besoin car vous créeriez alors une situation d'instabilité et de déséquilibre. Si le désir affiché d'une personne ne vous convient qu'à moitié et que vous y plier ne vous satisfait pas pleinement mais que vous constatez que ses aspirations les plus profondes sont en phase avec les vôtres, vous pourrez transmettre votre message en toute confiance. Vous aurez ainsi la satisfaction de savoir que vous n'aurez pas éternellement à « jouer la comédie » et que, petit à petit, vous pourrez vous afficher tel que réellement vous êtes sans engendrer de « clash » majeur. Du moins si vous même ne trichez pas avec vos désirs profonds… Mais ceci est avant tout un problème d'authenticité, de responsabilisation, et d'intégrité personnelle, qui dépasse largement le cadre de la télépathie…

Si la transmission d'un message télépathique peut parfaitement s'appliquer au domaine de la santé, qu'il nous soit permis, au risque de frustrer le lecteur, de ne pas aborder ce secteur en ces pages, et ce pour un certain nombre de raisons qui, toutes, relèvent davantage de l'éthique que de la morale. Tout d'abord, il serait dangereux de laisser croire que la télépathie puisse avoir une action thérapeutique par son unique recours. Tout au plus est-elle susceptible, dans certains cas, d'apporter une amélioration, en cohésion avec d'autres types de thérapies, parce qu'elle peut faciliter le processus d'autoguérison. D'autre part, parce qu'il est hors de question d'exercer une influence télépathique sur le malade sans l'accord du percipient. Enfin, parce qu'il serait inconscient de vouloir travailler sur le corps sans connaissances anatomiques préalables d'une part, et sans avoir, éventuellement, résolu nos propres problèmes relatifs à notre identité corporelle. Pour ne prendre qu'un seul exemple, la vue des viscères ou du sang peut faire « tourner de l'œil » nombre d'entre nous. Comment, dès lors, serions nous à même de les visualiser en bonne santé, sans transmettre cet arrière-sentiment en toute innocence ?

LA TÉLÉPATHIE DES AFFAIRES

En revanche, rien ne nous interdit de nous pencher sur la règle radiesthésique permettant une « image télépathique personnalisée » dans le domaine des affaires. Ici, cependant, les éléments de graduation que nous fournissons ne sont là qu'à titre d'exemple et devront, la plupart du temps, être eux-mêmes « personnalisés » car nul ne possède mieux que vous les divers tenants et aboutissants du projet que vous désirez amener à concrétisation.

Expliquons-nous davantage : si quelques qualités et défauts basiques demeureront en lice *ne variatur* quelle que soit votre conjoncture, il est en revanche des compétences (ou des incompétences, car, comme nous le verrons, certaines incompétences, ou du moins estimées telles, peuvent constituer des sources d'embauche ou d'association) propres à tel ou tel corps de métier, à tel ou tel type d'entreprise, que vous seul serez en mesure de déterminer. Pour toutes ces raisons, c'est une « règle radiesthésique type » que nous avons dû établir dans ce domaine. Elle saura, quoi qu'il en soit, vous donner des idées pour votre « adaptation », grâce à laquelle vous serez en mesure de savoir ce que votre futur employeur ou associé attend réellement de vous (du moins ce sur quoi il vous jugera ou jaugera en premier lieu) et, par conséquent, créer l'image qui correspondra le mieux à ce désir.

En revanche, point ne sera besoin d'effectuer d'explorations successives. Une seule suffira car une recherche ultérieure serait absurde et totalement dénuée d'intérêt. Seule, en effet, entrera en cause la volonté profonde de votre percipient virtuel. C'est sur elle que vous agirez. Pourquoi ? Parce que ces deux orientations se situent ici sur le plan conscient ; il n'y a pas entre eux cette zone secrète, interdite, qui peut exister dans le domaine du développement du potentiel humain. Un exemple pratique : telle personne dira chercher une personne ayant des compétences sur le plan juridique. Or, ce qu'elle souhaite en réalité, c'est une personne débrouillarde, sachant s'adapter facilement et n'étant pas trop regardante sur les moyens à utiliser. Elle ne peut décemment afficher son désir authentique aux yeux d'autrui. Cependant, une personne n'ayant pour elle que les qualités officiellement requises, mais à mille lieues du profil en réalité recherché, n'aura que peu de chances de séduire un tel interlocuteur. En revanche, ce dernier est parfaitement conscient de ce qu'il cherche. Donc, c'est cette image-là que vous projetterez… du moins si vous vous sentez apte à adopter un tel profil.

UNE MANIÈRE EFFICACE DE FAIRE LE POINT SANS VOUS LAISSER LEURRER PAR LES APPARENCES

Les règles radiesthésiques ont ceci de particulièrement utile qu'elles vous éviteront de « télépather à vide », autrement dit de vous lancer dans une tâche que vous ne seriez pas à même d'assumer. Elles demeurent une manière efficace de faire le point et ne pas vous laisser leurrer par les « apparences », qui ne sont souvent qu'une façade. Si vous créez votre règle radiesthésique en usant de vos propres termes et de votre connaissance du domaine dans lequel vous souhaitez prospérer, ou de la personne avec laquelle vous souhaitez, d'une manière ou d'une autre « faire affaire », limitez-vous aux sept – huit au maximum – définitions les mieux appropriées, situant les qualités les plus « hautes » dans la partie droite, et les plus « basses » dans la gauche. Il est très important de circonscrire un nombre restreint de « qualités » afin de ne pas surcharger votre règle, qui perdrait alors toute valeur réelle sur le plan radiesthésique. Pour la même raison, les différents degrés devront être exprimés de manière synthétique, en phrases courtes ou par un simple mot. Au centre de votre règle, placez l'expression « Neutre ». Il est peu probable que votre pendule s'arrête au-dessus de ce degré dans une perspective d'association ou de création d'entreprise. Cela peut cependant arriver. Les raisons peuvent en être extrêmement diverses : soit votre futur employeur (ou associé) n'a pas encore fixé son choix sur les qualités recherchées. En ce cas, votre transmission télépathique peut ne pas avoir lieu d'être (vous devrez donc interroger le pendule dans ce sens), soit celui-ci ne souhaite qu'un homme de paille derrière lequel il pourra se retrancher. Ce ne sont là que quelques-uns des cas de figure les plus courants en de semblables perspectives. Cependant, la plupart du temps, la zone neutre ne servira qu'à déterminer un point central à partir duquel votre pendule pourra s'élancer dans sa quête.

CRÉATION D'UNE « RÈGLE RADIESTHÉSIQUE DES AFFAIRES »

Voici comment vous allez procéder :

- Avançons d'un degré sur la droite de la zone neutre.
- La première qualité « supérieure », indispensable à toute forme de commerce sera la « convivialité ».
- La seconde le « sens des affaires ».

On pourrait croire qu'à priori il soit indispensable, par exemple, à une association future ou au soutien d'un projet. Il n'en est rien car votre interlocuteur peut parfaitement craindre une ambition plus forte, qui risquerait de faire trembler son propre trône. Il peut également souhaiter s'occuper seul de la gestion et ne vous laisser que la part créative, sans que vous ayez à intervenir dans sa propre zone d'influence.

Ensuite, vous inscrirez le mot « Intuition ».

- Puis enfin « Créativité ». Un certain sens de l'improvisation qui vous amènera à lancer de nouvelles perspectives et orientations peut, dans certains cas, devenir un atout majeur.
- Regardons à présent plus attentivement la partie gauche.
- Juste à côté du degré « Neutre », vous placerez le mot « Ambition » (que vous ne devez pas confondre avec le degré « Sens des affaires »). Vous pouvez fort bien avoir la capacité de susciter de l'argent, sans pour autant vouloir déroger à votre rôle initial et éventuellement « devenir calife à la place du calife !) puis « Soumission » et enfin « Malhonnêteté ».

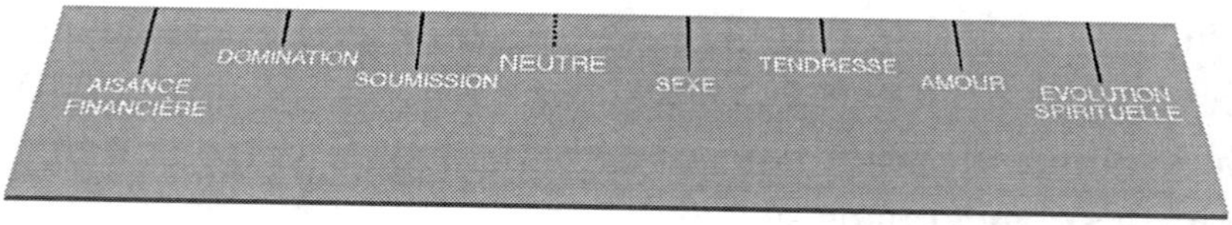

Procédez, avec votre pendule, de la même manière que pour le domaine amoureux.

- Quelle qualité est pour R., la plus importante chez celui qui souhaiterait rentrer dans son entreprise ? Que recherche-t-il en priorité chez un futur associé ?
- Vous explorerez donc d'abord la partie droite, puis la partie gauche. Il est possible que votre pendule ne se mette en mouvement que dans l'un des deux sens.
- En fonction des informations recueillies, vous saurez quelle est l'image adéquate à envoyer, celle qui pourra vous ouvrir la voie royale. Et surtout si le jeu en vaut la chandelle.

COMMENT INTERPRÉTER LES RÉPONSES OBTENUES

Par exemple, si le pendule oscille entre soumission et malhonnêteté, il y a fort à parier que le lascar en question chercherait à vous faire porter le chapeau d'affaires louches. En ce cas, vous n'aurez plus qu'à conclure que vous n'avez pas réellement eu le nez fin en souhaitant miser sur cet individu.

À quoi vous servirait-il de créer une projection télépathique dans ce sens, pour, au bout du compte, vous faire arnaquer en beauté ?

De la même manière, si un tel résultat s'affichait et que, dans la partie droite, vous obteniez une juste mesure entre intuition et créativité, vous vous trouvez face à un véritable requin qui attend de vous des idées, encore et toujours des idées… sans que vous soyez en mesure de bénéficier des résultats matériels qu'elles engendrent !

C'est à vous de savoir si vous êtes d'attaque à déjouer les pièges d'un tel personnage…

SI VOUS AVEZ DU MAL A MAÎTRISER LE MOUVEMENT LATÉRAL VERS LA GAUCHE

Nous pourrions multiplier les exemples à l'infini mais je pense que vous avez saisi le principe d'une telle opération et les bénéfices que vous pouvez en tirer dans le cadre d'une transmission télépathique à distance.

Un petit conseil, cependant, pour tous ceux qui débutent dans l'art de manipuler le pendule :

- Si le mouvement de gauche à droite apparaît presque « naturel » même lors des premiers pas, le mouvement vers la gauche pourra, dans les prémisses, apparaître comme une contrainte.
- Si vous êtes dans ce cas de figure, vous aurez recours à deux règles différentes dont la case « Neutre » sera absente.
- Sur la première, vous inscrirez les degrés de la partie gauche, sur les secondes, les qualités de la partie droite.

Votre pendule se mettra en mouvement à partir du bord de la feuille (n'oublions pas que vous pouvez lui imprimez le mouvement initial).

Cette opération facilitera tout à la fois un bon exercice du mouvement scripto-pendulaire et la concision des questions.

CHAPITRE IX

Exercices d'autotélépathie

NOUS avons donné tout à l'heure un léger aperçu des perspectives qu'offrait une « autotélépathie ». Cette pratique a un rôle essentiel à jouer quant au développement de vos « facultés paranormales », mot que nous n'aimons pas trop mais que nous devons néanmoins utiliser ici, à défaut d'un autre plus approprié. C'est pourquoi il convient que nous y revenions longuement.

Les techniques et expériences que nous allons évoquer possèdent, en effet, des avantages multiples, dont le premier – et non le moindre – est d'apprendre à vous mettre en rapport plus étroit avec votre inconscient, autrement dit la partie occultée de votre cerveau. Einstein n'affirmait-il pas que nous n'utilisions qu'un dixième de nos possibilités mentales ?

Le développement de la mémoire et de la volonté y est, par voie de conséquence, intimement lié.

Mais les perspectives qu'offre une autotélépathie appliquée avec rigueur et efficacité vont bien au-delà : toute forme de transe, quels qu'en soient l'objet et le but se trouve, par son biais, favorisé.

Le sujet, devenant tout à la fois émetteur et récepteur, sera en mesure, dans une perspective réincarnationiste, de partir en quête de ses existences antérieures.

Il sera souvent visité par des rêves symboliques et prémonitoires, qui lui feront mieux prendre conscience de sa voie et des moyens qu'il devra déployer pour y parvenir.

De plus, l'autotélépathie demeure un excellent prélude à toute forme d'exercice spirituel ou mystique, de la méditation dirigée à l'écriture automatique, en passant par la télépathie proprement dite, la magie ou quelque forme d'influence à distance ou de contact paranormal qui soit.

PREMIER EXERCICE D'AUTOTÉLÉPATHIE

Nous avons vu, par l'intermédiaire de divers exemples concernant ce qu'on appelle la « psychotactile », dont nous avons observé le rôle dans les opérations télépathiques, que point n'était besoin d'avoir un objet sous les yeux pour en ressentir les contours et le contact. Cette réalité, définie non par une quelconque philosophie spiritualiste mais bel et bien par l'expérience, ouvre des horizons insoupçonnés de celui qui n'a jamais pratiqué. Une image cachée peut ainsi susciter entre nos doigts une forme, un contact, voire une odeur particulière (cependant, nous devons à la vérité de dire que les manifestations purement « olfactives » demeurent rares... leur fréquence semble plus élevée dans le cadre du spiritisme que dans celui de la télépathie).

Voici comment vous allez procéder :

- Prenez six enveloppes parfaitement opaques.
- Vous glisserez à l'intérieur six photographies différentes de monuments ou, si vous vous êtes familiarisé avec le Tarot de Marseille, six arcanes majeurs ou mineurs – vous pouvez également mêler en quantités, égales ou inégales arcanes mineures et majeures mais nous tenons à vous avertir qu'un tel exercice ajouterait une difficulté supplémentaire à votre exploration.
- Mélangez vos enveloppes jusqu'à ce que vous n'ayez plus la moindre idée de ce que contient chacune d'entre elles.
- Prenez-en une au hasard.
- Passez votre main droite sur elle puis placez-la entre vos deux paumes, la main droite se trouvant au-dessus de l'enveloppe.

Vous pouvez vous aider ou non du phosphénisme. Il existe en ce cas deux possibilités :

- **1)** Vous opérez préalablement la création de votre phosphène. Il n'est pas absolument nécessaire que celui-ci soit toujours dans votre champ optique pendant que vous pratiquerez. Le travail de relaxation qu'il vous aura permis d'accomplir aura ouvert votre champ de perception, rendant vos résultats plus probants
- **2)** La création du phosphène peut également s'opérer au moment même où vous tenez l'enveloppe entre vos mains.

Quel que soit votre « modus operandi », la phase suivante sera la même. Videz-vous de toute pensée et abandonnez-vous aux sensations, aux images que pourra susciter l'enveloppe que vous tenez entre les mains.

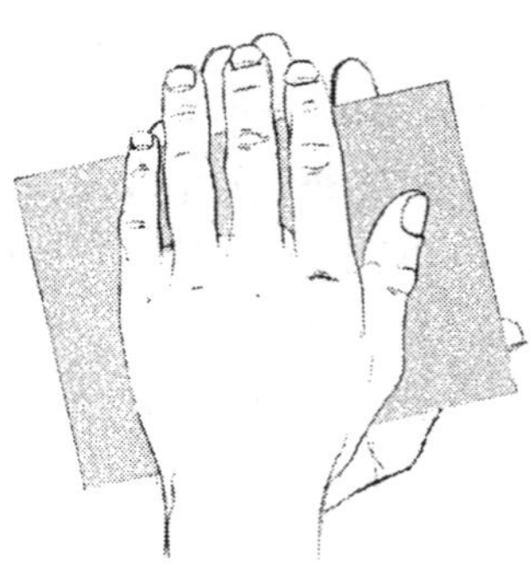

LA GRANDE ESCROQUERIE DU « CARTÉSIANISME »

Si nous affirmons qu'il s'agit là d'un exercice d'autotélépathie, et non de voyance, c'est parce que, en ce cas précis, votre inconscient s'est déjà imprégné des formes et couleurs de l'image, ce qui est d'ailleurs parfaitement logique, même si une telle logique hérisserait le poil de bien des rationalistes.

Nous avons pu voir, en effet, au fil des divers exercices pratiques que nous avons étudiés, que la vibration télépathique et sa transmission ne dépendaient pas des traditionnels critères d'espace et de temps.

«Traditionnels » est d'ailleurs un bien grand mot ; en fait, de la même manière que beaucoup d'entre nous – et, paradoxalement, même dans les jeunes générations – évoquent encore les opérations financières en « anciens francs » (quand nous disons « un million », il s'agit la plupart du temps de 10 000 F !) alors que ce type de monnaie a disparu depuis plusieurs décennies, il est étonnant de constater que beaucoup d'entre nous raisonnent comme si Einstein, avec sa théorie de la relativité, et Max Planck, avec la théorie des quantas, n'avaient pas depuis belle lurette révolutionné la physique classique. En fait, la plupart des objections inconsidérément formulées par les adversaires de la « télépathie » se réfèrent à un système de valeurs, depuis longtemps dépassé et désuet !!!

Vous allez donc vous mettre en contact avec votre inconscient afin d'y puiser une information qui s'y trouve d'ores et déjà. Une singularité qu'avait bien saisie l'écrivain André Hardellet, quand il écrivait, à propos de la voyance « Peut-être est-ce notre perception qui est en retard par rapport à un futur qui aurait déjà eu lieu ».

Suite de l'opération :

- Yeux ouverts ou fermés, selon votre stade d'évolution dans le domaine de la télépathie, vous partirez donc en quête. Ne cherchez pas à interpréter tout de suite ce que vous voyez et ressentez car vous pourriez alors vous égarer sur une fausse piste. Notez simplement les renseignements recueillis de cette manière. Ce n'est qu'ensuite que vous pourrez comparer vos descriptions et voir si elles correspondent avec le contenu de l'enveloppe.

Dans cet exercice, il est indéniable que vous possédez un point de contact tangible, qui vous permet d'opérer une déconnection efficace, d'une part, et, de l'autre, de forcer le trait de l'image afin qu'elle s'imprime dans votre inconscient de manière plus claire et plus détaillée .

APPRENDRE À PRATIQUER « SANS FILET »

Voici comment vous allez procéder :

La seconde phase de l'opération consistera donc à travailler sans filet.

- Prenez tout d'abord « contact » avec l'enveloppe ; imprégnez votre esprit de ce qu'elle contient.
- Puis dirigez-vous vers une pièce adjacente où vous allez tenter, sans la présence immédiate de ce point de contact, de rentrer en connexion télépathique et de capter le message que votre inconscient a envoyé à votre conscient.
- **Lorsque vous réussirez parfaitement une telle opération, vous y introduirez une variante**. Cette fois-ci, après avoir imposé vos deux mains sur l'enveloppe, éloignez vous de votre appartement. Il va de soi que vous effectuerez votre opération télépathique dans un lieu discret. Vous allez à présent passer à un autre type d'exercices, pratiqué par les tenants de la pensée positive.

PROJECTION AUTOTÉLÉPATHIQUE DANS LE FUTUR

Il s'agit de projeter dans le futur une injonction télépathique qui vous est destinée, de réaliser en quelque sorte une programmation volontaire de votre inconscient. On pourrait, à l'extrême limite, parler d'auto-envoûtement, bien que celui-ci aille, dans ce cas de figure précis, dans le sens d'un épanouissement et d'une ouverture.

Voici comment vous allez procéder :

- Vous avez certainement, dans vos tiroirs, des projets dont, à votre grand dam, vous retardez sans cesse la mise en route, par pure paresse, vous créant des alibis pour vous excuser de ne pas passer à l'acte.
- Prenez une feuille de papier et inscrivez, en y concentrant toute votre énergie – il ne s'agit pas d'écrire de manière quasi automatique, auquel cas votre rituel n'aurait aucune valeur d'action sur le plan énergétique – « *Moi x, le (date) j'ai réalisé ceci* (nature du projet ou de l'élément de projet que vous voulez mettre en place) ».
- Choisissez une date à laquelle vous pouvez éventuellement vous tenir.
- Ne péchez ni par optimisme démesuré, ni par excès de scepticisme.
- Accordez-vous un délai suffisant pour qu'une réalisation soit possible.
- Pendant une semaine, vous allez projeter, en tenant ce papier plié entre vos mains, la situation désirée comme étant déjà réalisée, sans vous préoccuper des moyens nécessaires.

L'injonction télépathique, si vous avez correctement effectué cet exercice, sera directement perçue par votre inconscient et vous amènera à changer progressivement d'attitude, mettant, parfois inconsciemment, tout en œuvre pour que ce que vous avez projeté se réalise.

Mieux encore : les événements extérieurs sembleront vous pousser dans cette voie.

A la date dite, vous serez, sans que cela vous ait demandé un effort considérable, parvenu à votre but.

Si c'est le cas, votre projection aura été efficace.

Il s'agit en fait ici d'un processus exactement inverse de celui qui gouvernait le précédent exercice. Ici, c'est votre conscient qui envoie un message à votre inconscient, lequel se chargera de la réalisation de son contenu.

CHAPITRE X

Créez une chaîne Télépathique

AU fur et à mesure de vos investigations, vous rencontrerez sans doute d'autres personnes motivées par la télépathie. En certaines d'entre elles, vous aurez toute confiance. Rien ne vous empêche dès lors de créer une « chaîne télépathique ». Une telle association représentera, pour chacun de ses membres, des perspectives autrement plus enrichissantes. Car vos énergies, en entrant en corrélation, ne s'additionneront pas mais se multiplieront l'une l'autre. Ainsi, chaque projet deviendra un projet commun, dont l'aboutissement ne fait aucun doute. Un tel groupe se composera de préférence de membres émetteurs, ou étant tout à la fois émetteurs ou récepteurs, dans des proportions équilibrées.

COMMENT ÉTABLIR VOTRE PLAN DE TRAVAIL TÉLÉPATHIQUE

Pour que l'ensemble fonctionne de manière cohérente, vous devrez déterminer un plan de travail. Par exemple, en effectuant une sorte de roulement. Chaque médaille a son revers. Ainsi, élargir le cercle des volontés agissantes, qui ne seront alors plus centrées sur un opérateur unique, concerné au premier plan par le désir qu'il émet, revient également à vous trouver face à des volontés, à des desiderata, à des champs émotionnels divergents. Vous devrez donc établir, en premier lieu (cela peut se passer, par exemple, de manière aléatoire, par un simple tirage au sort) l'ordre des priorités. Une fois un tel ordre défini, chacun devra jouer le jeu, faute de quoi vous tirerez à hue et à dia et le chariot de votre commune quête ne pourra avancer.

UN GROUPE RESTREINT SERA PLUS EFFICACE

Votre chaîne télépathique ne devra pas se composer de trop nombreux éléments. Quatre individus, cela nous paraît, dans un premier temps, un maximum, le minimum étant de trois, deux personnes ne suffisant pas à créer une force groupale. Nous allons bientôt voir pourquoi.

Supposons donc que vous formiez un groupe avec x, y et z.

- Le choix se porte en premier lieu sur le vœu de y.
- Votre chaîne télépathique va donc se mettre à l'ouvrage.
- Une semaine durant, chacun va créer une image similaire, à celle de y, dans la situation qu'il souhaite atteindre.

Pour cela, vous devrez convenir d'une heure afin que vos énergies soient concentrées, au même moment, sur un même but. Elles n'en acquerront que davantage de force. A neuf heures (par exemple), toutes les personnes de la chaîne, qu'elles se trouvent ou non dans un même lieu vont, sur leur écran mental, effectuer une projection similaire.

Pourquoi « similaire » et non « identique » ? Le choix du mot est volontaire car peu importe que les quatre images émises ne soient pas strictement jumelles. Ce qui compte avant tout, c'est que toutes les projections aillent dans le même sens, soient soutenues par la même volonté, par la même orientation. Pour que le groupe soit efficient, la création d'un « cadre rituel » s'avère totalement indispensable. Faute de quoi, vous risqueriez de n'être concentré que sur votre propre problème.

Votre volonté devra s'extérioriser vers une situation qui ne vous concerne pas directement, mais dont les conséquences indirectes seront la réalisation successive des désirs de chacun. Il est d'ailleurs probable que vous dussiez avoir recours à un « témoin » qui vous permette de mieux identifier le désir de y. Avec une puissance accrue, celui-ci s'inscrira dans l'astral, créant une sorte de moule (lire à ce propos les ouvrages du scientifique anglais Rupert Sheldrake concernant la théorie des « champs morphogénétiques ») qui rendra l'événement possible.

Imaginons, pour poursuivre notre démonstration par l'exemple, que le second « cas à traiter » soit celui de x.

Que les travaux portant sur « y » aient ou non abouti au bout de la première semaine (nous avons vu que certaines projections ne se réalisaient que de manière différée), le groupe se concentrera désormais, lors de la deuxième semaine, sur la réalisation de x. Et ainsi de suite, jusqu'à ce que le désir de chacun ait été pris en compte par l'ensemble de la chaîne. Les travaux sur y n'ont pas, au bout de ces quatre semaines, porté leurs fruits ? Ceux-ci ont récompensés, en revanche, le problème de x ou de z. Le vôtre est demeuré en jachère ?

PERSÉVÉREZ DANS VOS TRAVAUX COMMUNS JUSQU'À CE QUE TOUS LES MEMBRES DE LA CHAÎNE AIENT VU LEURS VŒUX RÉALISÉS

Dans tous les cas de figure où l'une ou plusieurs des personnes appartenant à la « chaîne télépathique » n'a pas vu se réaliser son vœu, le groupe tout entier renouvellera ses opérations jusqu'à ce que chaque membre soit satisfait, en reprenant un par un, selon l'ordre initialement défini, ceux qui n'ont pas obtenu satisfaction.

Vous comprenez certainement mieux pourquoi, maintenant, il importe que le nombre de participants demeure en deçà de certaines limites. En effet, à supposer que l'une des personnes involontairement « lésées » se trouve être le premier cas traité de la chaîne, et que celle ci comporte six membres, cette personne devra attendre six semaines avant que l'on ne puisse de nouveau se pencher sur son sort, ce qui peut entraîner bien des démotivations.

Signalons d'ailleurs au passage que quatre semaines représentent la durée d'un cycle lunaire, dont on connaît le rôle dans les cérémonies magiques.

Nous nous devons de faire une recommandation qui entraînera sans doute une véritable « levée de boucliers » : les personnes d'une même chaîne devront, autant que faire se peut, appartenir au même sexe. La raison en est, en vérité, extrêmement simple. La moindre ambiguïté dans les rapports humains peut nuire au bon fonctionnement de la chaîne toute entière. Telle personne éprouvant une pulsion envers un autre membre du groupe, ne parviendra pas à se concentrer, tentant d'entrer en connexion particulière avec cette personne, déséquilibrant ainsi l'efficacité de l'ensemble, et ce que l'attirance soit ou non avouée et payée ou non de retour...

La situation risque d'être encore plus flagrante et explosive (déflagrante allions-nous dire...) s'il existe un déséquilibre entre le nombre d'hommes et de femmes. Ce conseil est donc essentiellement dicté par la seule prudence, qui vise à éviter tout ce qui pourrait nuire à la cohésion du groupe.

N'ABANDONNEZ PAS LA « CHAÎNE » LORSQUE VOTRE DÉSIR PROPRE SERA RÉALISÉ

Votre désir vient d'être réalisé et vous vous dites « à quoi bon ? », prêt à tout laisser tomber et à vouer le groupe aux gémonies, persuadé que, en fin de compte, dans votre orgueil satisfait, vous ne devez ces résultats qu'à l'unique expression de votre volonté propre ? Que vous importe, après tout, que les désirs des autres membres se réalisent ou non ? Une telle attitude serait le comble de l'ingratitude et trahirait, de votre part, un manque évident de générosité. Vous avez utilisé le groupe à vos fins et n'êtes pas prêt pour le « retour d'ascenseur »... Cependant, sachez que vous n'en seriez nullement récompensé.

Quittons un instant toute forme de considération morale pour nous pencher davantage sur les répercussions d'une telle action sur le plan astral.

Nous avons dit plus haut que la télépathie constituait une sorte de charnière entre médiumnité et magie. Une telle assertion n'a rien de gratuit puisqu'elle se vérifie pleinement dans la perspective d'une chaîne télépathique, où la concentration mentale de plusieurs personnes ont créé ce que les occultistes appellent un égrégore.

VOUS VENEZ DE CRÉER UNE « ENTITÉ TÉLÉPATHIQUE »

En simplifiant quelque peu, on pourrait définir l'égrégore comme une énergie indépendante et active, née de la condensation d'énergies mentales individuelles orientées dans une même direction. Certains mages et sorciers pensent, par exemple, que ce que l'on nomme dieux et démons ne sont que des égrégores, programmés dans une optique précise par de nombreuses générations. L'égrégore est mortel car lorsqu'il n'est plus alimenté par la pensée/énergie de ses « adeptes », il se dissout. Vous avez donc créé un égrégore dont les « données » (à la manière d'un « ordinateur de l'astral » que vous auriez programmé) sont les suivantes : les énergies qui le composent sont en étroite connexion et chaque membre du groupe profite de l'énergie de chaque désir réalisé. Autrement dit, en clair : si vous rompez la chaîne, la réalisation de votre désir, obtenu par son intermédiaire, ou du moins par celui de l'égrégore de « réalisation commune » qu'elle a créée, n'aura plus lieu d'être et il est plus que probable que vous soyez privé des fruits de votre victoire. De plus, n'oubliez pas que votre égrégore est à présent en place et donnera davantage de force à d'éventuels rituels ultérieurs, dont les résultats seront plus rapides car la forme/énergie que vous avez créée prendra le relais, dans l'astral, de votre volonté propre.

CHAPITRE XI

Télépathie avec les plantes et avec les animaux

NE PERDEZ JAMAIS DE VUE QUE LES CONSCIENCES AUXQUELLES VOUS VOUS ADRESSEZ SONT MOINS ÉVOLUÉES QUE LA CONSCIENCE HUMAINE

MÊME si leur sensibilité demeure plus rudimentaire que la nôtre, il est possible d'entrer en communication télépathique, non seulement avec des animaux mais également avec des plantes ! Ne croyez pas qu'il s'agisse là d'un « délire d'interprétation » car une telle assertion demeure parfaitement vérifiable par le biais de l'expérimentation. Elle est née de constatations multiples, qui ne sont pas toutes – loin de là ! – le fait d'illuminés aux théories fumeuses.

Si vous désirez tenter de telles expériences, ne perdez jamais de vue que les messages que vous émettrez ne s'adressent pas à des consciences aussi évoluées que la nôtre. Aussi devrez-vous vous contenter d'images, de mots, de pensées brefs et concis, qui ne passent pas par mille et une circonvolutions. Il est infiniment regrettable que nous ne puissions, dans une telle perspective, nous placer dans la position de récepteurs. Imaginez la somme d'informations que nous pourrions recueillir par exemple en explorant la mémoire d'un cèdre du Liban ! Encore que… Certaines personnes, qui possèdent avec leurs animaux des liens affectifs privilégiés, « sentent » quand ils sont en danger ou éprouvent un besoin qu'elles devancent. De même, pour reprendre notre exemple des plantes, certains affirment entrer en connexion télépathique avec elles et en recueillir informations et bienfaits.

Faut-il par exemple voir, au-delà du symbole, les rites destinés à évoquer les esprits de la Nature (fées, elfes, gnomes etc) comme la perception de messages émis par les éléments qui la composent ? A cette question, à moins de témoigner d'une certaine forme de malhonnêteté intellectuelle, hélas, courante en notre époque, nul ne peut répondre avec précision dans un sens ou dans l'autre car trop vaste est le champ spéculatif et trop nombreuses les incertitudes et les failles.

Il est intéressant cependant, dans une telle perspective, de lire « L'Enseignement de l'arbre maître » de Mario Mercier.

TÉLÉPATHIE AVEC LES ANIMAUX

Certaines personnes exercent, sans le savoir, une action télépathique sur leurs animaux familiers. Vous pouvez en ce sens tenter quelques expériences.

Voici comment vous allez procéder :

- Votre animal se trouve dans l'espace qui lui est réservé et semble ne pas vouloir en bouger.
- Installez-vous dans votre chambre.
- Visualisez-le à vos côtés ou lancez mentalement la seule injonction « viens » en pensant à lui.
- Ici, point n'est besoin de méthodes sophistiquées.

Si dans les cinq minutes succédant à votre brève projection, votre animal vient à votre rencontre, il est possible que votre opération télépathique ait fonctionné.

AVEZ-VOUS RÉUSSI ?

Pour en avoir la certitude, renouvelez-la fréquemment les dix jours suivants et notez la fréquence de vos résultats. L'expérience est encore plus concluante si vous possédez un « chat vagabond », qui passe la plupart de son temps hors de votre appartement. En ce cas, prolongez quelque peu votre émission télépathique car il est possible qu'il se trouve actuellement loin de votre habitat. Dans ce cas également, vous renouvellerez fréquemment l'opération afin d'être absolument certain qu'il ne s'agit pas là d'une pure coïncidence, vous apparût-elle significative. Si vos expériences s'avèrent concluantes, elles vous permettront, par exemple, de désarmer les signes d'éventuelle agressivité animale à votre égard. Mais, attention, il ne s'agit en aucun cas de projeter une image en totale contradiction avec l'humeur de l'animal. Si un chien montre les crocs, ne l'imaginez pas en train de vous lécher les mains : cela ne ferait que renforcer son agressivité. Contentez-vous de lui envoyer des messages de paix, d'amitié, de confiance, allant à l'inverse des sentiments de peur et de défi. Votre attitude physique doit être adéquate à ce que vous projetez.

UN AUTRE TYPE D'EXPÉRIENCE

En revanche, vous pouvez vous livrer à une expérience amusante, susceptible d'entraîner de passionnantes rencontres, avec des personnes sortant leur chien par exemple. Vous allez visualiser celui-ci ou lui en transmettre l'information, faisant devant vous des cabrioles, ou venant se faire caresser, voire vous suivant au grand dam de son propriétaire. Vous n'avez guère besoin, pour ce type de télépathie, de vous encombrer d'artillerie lourde. Il s'agit d'une « projection sommaire » qui sera rapidement ressentie par l'animal... ou ne le sera pas du tout !

LA « MAIN VERTE »
ET SES CONNEXIONS
AVEC LA TÉLÉPATHIE

Vous avez certainement entendu parler de personnes qui ont la « main verte »... Avez vous remarqué que de telles personnes chantent souvent en arrosant leurs plantes, leur parlent gentiment, semblent les cajoler ?

Un tel comportement vous semble à priori ridicule ? Vu de l'extérieur, effectivement, il peut apparaître comme tel.

Il n'empêche que quelle que soit notre opinion sur le sujet, force nous est de constater que, à notre grand dam, les résultats sont là !

En fait, leur attitude est bien moins absurde qu'il ne peut à priori y paraître... Elle ne fait que reproduire des méthodes ancestrales en les déformant légèrement, ou du moins en les adaptant à leur propre caractère, ce qui est le cas de la plupart des pratiques n'ayant, à travers les siècles, été transmises que de manière orale.

Certains récits celtiques, qui ne nous sont parvenus qu'à travers les écrits des moines copistes, semblent démontrer que nos ancêtres les Gaulois connaissaient déjà l'influence de la musique sur le comportement des plantes, ce que confirment nombre d'expériences réalisés dans les dernières décennies. En revanche, la science ne s'est pas encore penchée sur l'influence de la pensée sur les plantes.

Si nous disons que ces fameuses « personnes à la main verte » (expression qui, par ailleurs, ne correspond pas à la réalité du phénomène puisqu'elle tend à faire croire que celui-ci est essentiellement lié au magnétisme) adaptent ou déforment un savoir ancestral, c'est parce que la parole n'est pas ici un support essentiel.

UN DON QUE CHACUN D'ENTRE NOUS EST CAPABLE D'ACQUÉRIR

L'élément déterminant, dans la croissance harmonieuse des plantes à laquelle on assiste en présence de tels individus, c'est la pensée qui la soutient.

On pourrait ici évoquer Findhorn, en Écosse, où un groupe de personnes, par le biais de la pensée et de la prière, a pu faire naître de merveilleux jardins en un lieu réputé inculte. Une telle chaîne a déjà fourni matière à nombreux ouvrages… Parlons donc pratique.

La « main verte » est certes un don mais chacun de nous est susceptible de l'acquérir, et particulièrement ceux qui, par l'intermédiaire de notre ouvrage, ont développé leurs possibilités d'émission et de réception télépathique.

EXERCICE DE COMMUNICATION AVEC DES PLANTES

Voici comment vous allez procéder :

Faites l'acquisition de deux pots contenant des plantes identiques.

- Point n'est besoin de choisir du haut de gamme.
- L'essentiel est que vos deux plantes soient toutes deux en parfait état.
- Si la disposition de votre appartement le permet, placez-les chacune dans une pièce différente.

Veillez cependant à ce que l'exposition à la lumière soit la même, ainsi d'ailleurs que la fréquence à laquelle vous les arroserez, faute de quoi vous fausseriez le résultat à la base.

Il ne vous reste plus qu'à choisir laquelle des deux sera la favorite. Vous avez fait votre choix ?

Alors, livrez-vous à l'expérience suivante :

- A votre plante « chouchou », vous transmettrez des messages de croissance, de vigueur, en la visualisant dans toute sa gloire.
- A votre victime, en revanche, vous transmettrez l'image d'une plante chétive, desséchée, perdant ses feuilles.
- L'expérience est un peu cruelle parce qu'elle offre une plante en sacrifice, en victime expiatoire et que la réussite de votre projection induit une sensibilité végétale.
- Vous ne tarderez pas à constater la différence de croissance entre les deux plantes, qui se manifeste parfois de manière très spectaculaire.

Néanmoins, une fois que vous aurez pu constater la véracité de l'expérience, rien ne vous empêche de secourir votre malheureuse victime innocente en lui transmettant, cette fois, le même message de santé qu'à sa consœur. Si elle n'est pas morte, vous la verrez repartir de plus belle, ce qui d'ailleurs constituera une nouvelle preuve de la validité de l'exercice.

Nous nous devons de signaler que l'une des méthodes les plus efficaces de désenvoûtement (or, l'envoûtement doit beaucoup à la transmission télépathique) est celle du transfert, qui consiste à diriger les énergies négatives reçues sur une plante verte qui, la plupart du temps, quels que soient les soins apportés, en mourra, libérant par là même la personne envoûtée. Une nouvelle pièce à verser au dossier de l'influence de la pensée sur les végétaux.

CHAPITRE XIII

Petite histoire de la Télépathie

DE même que le pendule n'est pas né avec l'Abbé Boully, ni le magnétisme avec Mesmer, la télépathie n'est pas due au génie inventif d'un certain Frédéric Myers. Toutes ces sciences semblent se confondre avec l'histoire même de l'humanité.

Cependant, comme le faisait remarquer fort judicieusement Diderot, il est deux sortes d'hommes utiles aux connaissances : ceux qui découvrent et innovent et ceux qui les mettent en ordre. Myers fait partie de ceux-là.

AU XIXe SIECLE, LES PREMIERES EXPÉRIENCES « RATIONNELLES » DE TÉLÉPATHIE

De même que Mesmer a fixé les règles du magnétisme et défini ses lois premières, Frédéric Myers s'est le premier livré à une étude systématique de ce type de phénomènes, en s'attachant à en déterminer les contours et les principes essentiels.

C'est en 1886 que cet érudit britannique crée un mot qui fera florès, ayant pour racine deux vocables appartenant au grec ancien.

Tele signifie loin. Quant à Pathos (présent dans le terme « pathologie »), il ne signifie pas uniquement affection ou douleur mais également sensation.

On voit que notre définition de la télépathie et de ses applications est plus proche de son étymologie (et de sa réalité effective) que le terme impropre de « transmission de pensée » dont nous usons à tort et à travers puisqu'il s'agit, toujours étymologiquement, de transmettre une sensation à distance, quelle que soit la nature de celle-ci. Mais l'élaboration du mot recouvrant ce type d'expériences (qui, comme le lecteur aura pu le constater, peuvent nous mener fort loin) ne s'est pas faite en un jour.

Depuis quatre ans déjà, Frédéric Myers s'intéressait de très près aux perspectives offertes par ce type d'expériences. A cet effet, en l'an de grâce 1882, il avait créé la Society for Psychical Research dont les buts demeurent clairement définis par ses statuts « Procéder à l'examen de la nature et de l'étendue de l'influence qu'un esprit peut exercer sur un autre en dehors de tout mode de perception généralement connu ».

Il est étrange de penser qu'au XIXe siècle, Myers ait déjà mis au point le système qui allait permettre à Rhine, dans les années 30, de créer les fameuses cartes Zeiner. Non moins étonnant de trouver dans son premier ouvrage publié en France une expérience de « télépathie sensorielle » spontanée. Mais il est encore plus renversant d'imaginer qu'un des membres fondateurs de la Society for Psychical Research, en 1875, évoquait déjà l'expérience de la transmission de gustatophènes, et ce alors que le Dr Lefébure n'était même pas encore dans le ventre de sa mère ! Nous allons y revenir ; pour l'heure, reprenons l'histoire où nous l'avons laissée, c'est-à-dire en 1882.

PREMIERES EXPÉRIENCES DE TÉLÉPATHIE SENSORIELLE

La Society for Psychical Research n'est pas une bande de joyeux mystiques, mais est bel et bien constituée de sommités de haut vol.

On y trouve notamment des gens tels que William Crookes, William James, autrement dit pas mal de pointures de la recherche scientifique.

Quand on veut « rationaliser » et mesurer les effets d'une méthode jusqu'alors pratiquée de manière anarchique, et en déterminer les règles, il convient de tout reprendre de A à Z.

C'est ce que feront Myers et ses coreligionnaires, en s'essayant en premier lieu à la transmission de messages simples et sans ambiguïtés : dessins, nombres, cartes à jouer. C'est, ainsi que nous l'avons signalé plus haut, avec de semblables méthodes que Rhine dépoussiérera la télépathie et lui donnera un semblant de crédit scientifique.

« Les hallucinations télépathiques » : c'est sous ce titre, singulièrement provocateur, que sera publié en 1891 dans l'hexagone, le premier ouvrage de Myers. Gurney et Podmore sur les phénomènes liés à la télépathie. On y trouve – déjà ! – le récit d'une expérience – involontaire, c'est à dire non provoquée – de télépathie sensorielle. Le mari pêche en mer. Une pêche qui doit durer toute la nuit. La femme est dans sa chambre. Au matin, elle se réveille brusquement, avec une sensation plutôt désagréable : celle d'avoir été frappée à la bouche. Elle sent distinctement sa lèvre fendue par le coup et le sang qui coule. Il est sept heures. A cet instant précis, comme le lui confirmera son mari en revenant se sustenter, un coup de vent fait malencontreusement dévier la barre du gouvernail… qu'il reçoit en pleine bouche !

UNE TRANSMISSION TÉLÉPATHIQUE DE GUSTATOPHENES... EN 1875 !

W.F. Barret est l'un des fondateurs de la Society Psychical Research. Il relatera en 1875 une bien étrange expérience, tentée avec une jeune médium de huit ans, en état d'hypnose. Alors qu'elle est en transe, il se verse du sel sur la langue.« Pourquoi me versez-vous du sel sur la langue ? » demande la fillette.

Il renouvelle l'expérience en mangeant un sucre. Elle semble apprécier davantage et quand Barrett lui demande ce que c'est, elle répond sans hésiter.

Si nous relatons ces expériences, c'est parce qu'elles montrent parfaitement que toutes celles que nous avons décrites, et dont certaines ne trouvèrent leurs théoriciens que plusieurs décennies après, étaient déjà connues et appliquées.

VERS UNE RECONNAISSANCE SCIENTIFIQUE DE LA TÉLÉPATHIE

Recteur de l'Académie de Dijon, membre de l'Institut de France, Boirac n'est pas le premier venu. En 1911, il présente, à l'Académie des Sciences, un mémoire sur la Psychologie Inconnue… En d'autres termes, portant sur les domaines qui ont si fort intéressé Myers. Le plus beau est que ladite Académie le récompense pour le mémoire en question, lequel sera publié en l'an de grâce 1920. Cet événement nous semble annonciateur de ce que notre siècle réserve à la télépathie : une soif démesurée d'explications, de théorie et de rationalisation scientifique, avec des moyens de plus en plus pointus.

LES BASES FAUSSÉES DES THÉORIES SCIENTIFIQUES SUR LA TÉLÉPATHIE

On pourrait à priori penser que le quitus donné par l'Académie Royale au mémoire de Boirac lui ouvre en ce sens une voie royale à ce qui fait le sujet de cet ouvrage. C'est compter sans trois écueils malheureusement déterminants : l'élément humain tout d'abord. L'homme n'est pas une machine ; il peut connaître fatigue, angoisse, peur de l'échec, qui risquent de rendre l'exercice télépathique caduque. De plus, nous avons vu l'importance, principalement pour ceux qui font leurs premiers pas dans le domaine de la télépathie créer un « climat rituel » qui leur permettra d'effectuer un « lâcher prise ». Il est évident, dans cette perspective, que les « conditions de laboratoire » ne favorisent pas spécifiquement l'éclosion de dons parapsychologiques, à moins de posséder, des dons médiumniques déjà particulièrement avancés.

Ce qui nous amène d'ailleurs au second des écueils mentionnés : la plupart des théories scientifiques prennent pour base « le couple télépathique », grande hérésie s'il en est, puisqu'elle spécifie qu'une personne x va envoyer à un médium doué – il ne le sera pas s'il ne passe brillamment certains tests dans des « conditions de laboratoire »... C'est d'ailleurs, comme nous le verrons, l'un des effets pervers des cartes de Zeiner chères à Rhine – un message qu'il recevra sous une forme ou sous une autre.

POUR LES PARAPSYCHOLOGUES, IL SEMBLE QUE LA QUALITÉ DE L'ÉMISSION NE SOIT PAS UN ÉLÉMENT DÉTERMINANT !!!

Autrement dit, le rôle de l'émetteur n'est absolument pas pris en compte... N'importe quel quidam, même si son émission est bancale, est susceptible de transmettre une image (qu'importe si elle est floue !) à son médium favori. Si celuici ne la capte pas, c'est essentiellement de son fait puisqu'il semble que la qualité de l'émission ne puisse être remise en cause. Le problème, c'est que la réalité télépathique est tout autre. Chacun d'entre nous peut être tour à tour émetteur ou récepteur. Bien entendu, chez certaines personnes, l'un ou l'autre prédomine mais, pour la plupart des individus, ils existent en parts approximativement égales.

Les méthodes scientifiques permettent de tester la qualité d'une personne essentiellement réceptive mais en aucun cas ne peuvent permettre de développer de tels dons, pas plus qu'elle ne semble s'intéresser à la qualité d'émission initiale. Le troisième obstacle enfin est constitué par la facilité, pour un illusionniste, de truquer de tels phénomènes, ce qui les rend peu crédibles aux yeux de beaucoup.

Mais revenons à Boirac. Pour lui, la télépathie n'était qu'un corrollaire du magnétisme. Le couple télépathique devait se tenir les mains pour entrer en phase télépathique. De nombreux exemples démontrent ce qu'a d'incomplet une telle théorie.

A la même époque, un médecin, Geley, s'intéresse à tel point à ce type de phénomènes qu'il sera le premier président de l'Institut Métapsychique International et relatera ses expériences dans un livre « De l'Inconscient au Conscient ».

Là encore, Geley sépare en deux les résultats obtenus : ceux qui le sont avec des médiums, et ceux réalisés avec le vulgus pecum. Mais de méthode pour développer de tels dons, que nenni.

LES EXPÉRIENCES DE RHINE

Et c'est tout naturellement que nous en arrivons à J.B. Rhine, auquel la télépathie doit beaucoup... en positif comme en négatif, ainsi que nous allons le voir.

Rhine est américain. Il est professeur de psychologie à l'université de Duke en Amérique du Nord.

De 1939 à 1980 (date de sa mort) il mènera, avec différents expérimentateurs, plusieurs centaines de milliers d'expériences télépathiques.

Celles-ci auront pour base les « cartes de Zener » dues au talent d'un de ses adjoints, le Dr Zener.

LES FAMEUSES « CARTES DE ZEINER »... ET LEURS LIMITES !

Ce jeu est constitué de cinq cartes cinq fois reproduites (il en comporte donc vingt-cinq) représentant des symboles simples, aisément assimilables par l'esprit car, comme le dirait Jung (lequel croyait à la télépathie) ancrées dans « l'inconscient collectif » : croix, étoile, carré, cercle et vagues – trois lignes ondulées l'une au-dessus de l'autre.

L'agent – l'émetteur – va se concentrer sur l'une des cartes. Dans une autre pièce, le percipient –le récepteur – va tenter de capter l'image et note sur une feuille l'objet de sa perception. Avec des mathématiciens de renom, Rhine, inlassablement, travaille. Le hasard voudrait que le percipient ne trouve au maximum que cinq cartes sur vingt-cinq. Or, les expériences menées (90 000 au total !) avec une certaine Mrs Garret, médium surdouée, donnèrent le résultat exceptionnel de 13,4 sur 25 !

L'apport magistral de Rhine, c'est d'avoir su prendre conscience de la réalité du phénomène télépathique et d'avoir ouvert une porte sur une reconnaissance scientifique (encore que… quand on sait que les militaires soviétiques et américains ont poursuivi longtemps des expériences dans ce sens, heureusement sans en trouver la clé !). Mais force nous est de reconnaître qu'obsédés de définitions et d'expérimentations « rationnelles », les scientifiques se sont surtout fait les porte-étendards de « la télépathie comprise par tous » et non de « la télépathie pour tous »…

Toujours cette idée d'un don qui ne peut être développé et qui la conduit à une sorte de statu quo. Ainsi, Leonid Leonidovitch Vassiliev, qui publia en 1952 un livre qui ne fut traduit dans nos contrées qu'en 1953 « La Suggestion à distance ». Notre homme est professeur de physiologie à l'Université de Leningrad et correspondant de l'Académie des Sciences médicales de l'ex-URSS. Il n'en organise pas moins, avec courage il est vrai, un « Laboratoire pour l'étude des phénomènes télépathiques » dans ce fief très officiel ! Dans son livre, après vingt ans de travaux, il affirme qu'un tel phénomène ne peut être prouvé tant qu'on ne pourrait définir avec précision le facteur de transmission des informations. Force nous est de constater que plus de quarante ans après, la Science Officielle en est toujours au même point !

LES EFFETS PERVERS DU « SYSTÈME RHINE »

Les effets pervers et limites du système Rhine sont multiples : en premier lieu, il ne semble pas tenir compte du rôle primordial joué par l'émetteur (l'agent). Seuls comptent les résultats obtenus par le récepteur (le percipient), ce qui est absurde ! Ceci ancre en nous une image faussée de la télépathie, à savoir qu'elle ne peut être pratiquée que par des personnes « possédant des dons médiumniques exceptionnels », par conséquent lui donnant un parfum d'élitisme… car il le faut, effectivement, pour obtenir une constante des résultats, quelle que soit la qualité de l'émission.

Autre idée fausse que Rhine génère, sans doute malgré lui : le leurre de « la transmission de pensée », qui veut qu'on ne puisse transmettre, par l'intermédiaire de la télépathie que des idées ou des images… alors que, dès le XIXe siècle, Myers et Barrett avaient déjà démontré qu'elle offrait un champ d'action beaucoup plus vaste !

De plus, imaginez-vous dans une salle froide, entouré de personnes qui vous sont étrangères et vont juger de vos résultats, obligé de travailler ad vitam sur les mêmes images… Si vous perdiez toute concentration, qui pourrait vous en tenir rigueur ?

Précisons davantage notre pensée (les télépathes l'auront sans doute déjà compris…), au risque de choquer les puristes : les cartes de Zeiner sont d'ores et déjà dépassées et désuètes et il y a nombre d'expériences plus enrichissantes à tenter.

CHAPITRE XIV

La Télépathie avec les objets

UN PHÉNOMÈNE TÉLÉPATHIQUE, DANS LEQUEL L'OBJET PEUT JOUER AUSSI BIEN LE RÔLE D'ÉMETTEUR QUE CELUI DE RÉCEPTEUR

« *OBJETS inanimés, avez-vous donc une âme ?* » s'interrogeait Lamartine. Si la question peut sembler à priori saugrenue, c'est parce que la plupart l'entendent stricto-sensu. Pourtant, si l'on se place d'un point de vue énergétique et vibratoire, elle prend une toute autre dimension. Ainsi, si nous nous interrogeons en ces termes « Un objet est-il susceptible d'enregistrer certaines informations, nées d'un acte ou d'une pensée, et de les retransmettre, dans certaines conditions, soit sous leur forme initiale, soit sous forme d'énergie ? », la réponse est un oui franc et massif. Et si notre formulation est moins romantique que celle posée jadis par le poète, du moins a-t-elle le mérite d'ouvrir la voie à de nombreux exercices pratiques, notamment dans le cadre de la télépathie. Car c'est bel et bien ici de phénomène télépathique qu'il s'agit, dans lequel l'objet peut jouer tant le rôle d'émetteur que celui de récepteur.

SI LES OBJETS N'ONT PAS D'ÂME OU D'ESPRIT, ILS S'IMPRÈGNENT AISÉMENT DES PENSÉES ET INTENTIONS DE LEURS POSSESSEURS

L'aura des minéraux comme des objets a pu être mise en évidence par l'appareil Kirlian, de la même manière que chez les humains. Ce champ électromagnétique varie selon son ancienneté mais peut également être modifié par l'intervention d'un médium.

Le radiesthésiste qui définira une convention mentale pour utiliser son pendule, par exemple, ne fait rien d'autre que de le charger télépathiquement d'une information.

De même, en identifiant tel objet ayant appartenu à telle personne à celui ou celle auquel il appartient (ce qu'en magie comme en radiesthésie, les spécialistes nomment « un témoin »), nous opérons une sorte de transfert télépathique, par le biais duquel nous pourrons agir en projetant notre force volitive.

Car, et c'est là un point essentiel, si les objets n'ont pas d'âme ou d'esprit tel que nous pouvons l'entendre, ils s'imprègnent aisément en revanche des pensées et intentions de leurs possesseurs.

Cette particularité peut être constatée, notamment, dans le cadre des phénomènes de rémanence et de psychométrie. Dans le premier cas, il s'agit de ce qu'on pourrait appeler « mémoire des murs », des lieux ayant absorbé l'énergie émanant d'événements marqués par le sceau de l'intensité. Ils deviennent alors à leur tour émetteurs. Une personne réceptrice ou émettrice/réceptrice captera, volontairement ou non, cette saturation vibratoire chargée d'informations.

L'OBJET, CHARGÉ D'INFORMATIONS, EST DEVENU ÉMETTEUR

Comme nous l'avons remarqué dans les chapitres précédents, la transmission télépathique peut s'effectuer par le biais des cinq sens, et donc sous forme de sensations diverses. Il en est de même ici.

La manifestation peut ainsi demeurer au simple niveau dermique, organique, ou mental : il est des maisons, des appartements, où l'on se sent bien ou mal, sans savoir exactement pourquoi. L'histoire de la demeure nous en apprend généralement beaucoup sur la cause d'un tel ressenti.

Dans d'autres cas, ce seront des images qui nous seront restituées et engendreront malaise ou bien-être. L'énergie peut aussi créer chez le nouveau locataire ou propriétaire une sorte d'action mimétique, consciente ou inconsciente, l'obligeant à dire ou faire ce qui jadis fut dit et fait ce qui, dans certaines circonstances, peut s'avérer extrêmement dangereux.

La manifestation ultime est celle des maisons dites hantées ou des phénomènes poltergeist, dans lesquels l'énergie devient mouvement, se traduisant souvent par des déplacements d'objets incongrus. Dans tous les cas, on a pu constater, la présence d'un jeune enfant, d'un pré-adolescent en crise de puberté ; il joue ici le rôle du récepteur-émetteur, qui inconsciemment catalyse des énergies latentes.

La psychométrie consiste, quant à elle, à définir, par contact tactile, le passé d'un objet, l'histoire de ses propriétaires, ou de ses constructeurs. Une telle discipline vaut surtout, à notre sens, par son aspect spectaculaire. Elle peut d'ailleurs être pratiquée par une personne ne possédant pas d'entraînement préalable à une telle perspective.

Si cependant l'objet appartient à une personne qui nous est chère (photo, briquet, peigne ou autre), il peut nous permettre de capter ses émotions et sa situation réelle. Ce qui peut induire une action d'émission télépathique. Dans la plupart des cas que nous avons étudiés, l'objet, chargé d'informations, est devenu émetteur. L'opérateur, dans cette perspective, est essentiellement percipient, autrement dit récepteur.

DES OBJETS IMPRÉGNÉS D'UNE PENSÉE, D'UNE VOLONTÉ, QUI VONT AGIR SUR LE SUBCONSCIENT DU PERCIPIENT

Lorsque vous vous servez de témoins, ceux-ci ont déjà été préalablement soumis à une action émettrice involontaire. Du moins si l'on excepte les « témoins papiers », feuilles sur laquelle vous inscrivez le but que vous souhaitez atteindre ou la personne sur laquelle vous désirez intervenir au niveau vibratoire. Ceux-ci en effet ne seront rendus actifs que par une émission télépathique appropriée de l'opérateur. Il existe cependant des perspectives dans lesquelles est avant tout sollicité le rôle de l'émetteur. C'est notamment le cas des « charges » ou « objets chargés ».

Qu'appelle-t-on charges ? Des objets imprégnés d'une pensée, d'un désir particulier et qui, confiés à celui qui en est le destinataire (le récepteur) vont agir, de manière indirecte, sur son subconscient. En d'autres termes, on pourrait dire que vous créez une mémoire à cet objet qui, de la même manière que dans les phénomènes de rémanence (mémoire des murs), va retransmettre son énergie à un percipient particulier.

PROGRAMMER TÉLÉPATHIQUEMENT UN CRISTAL

Avant de nous pencher plus avant sur le phénomène des « objets chargés », nous allons étudier un cas particulier : celui du cristal programmé. Sa spécificité réside dans le fait que le cristal est à la fois émetteur et récepteur. Point n'est besoin de le remettre à la personne intéressée pour qu'il agisse sur elle et délivre son message. Certains vont jusqu'à parler de « dévas du cristal », esprit qui serait propre à cette pierre et nous permettrait d'accéder, de manière directe, à des plans de conscience supérieure. Sans aller jusque-là, on peut cependant affirmer que l'énergie vibratoire du cristal est d'une qualité et d'une force émettrice telle que celle-ci s'affranchit aisément des distances.

Où trouver le cristal adéquat ?

- Vous pourrez trouver des cristaux dans toute librairie ésotérique bien achalandée.
- Pour choisir celui qui s'adaptera plus particulièrement à votre cas, vous devez vous laisser guider par votre intuition.
- Sans doute serez-vous attiré par un cristal particulier.
- Avant toute opération, remplissez une petite cuvette d'eau tiède, dans laquelle vous mettrez à dissoudre du sel gemme (sel de terre) et placerez votre cristal.
- Une telle opération est destinée à « purifier » votre cristal au niveau vibratoire.

Aussi simple que puisse apparaître à priori une telle pratique, nous pouvons vous assurer qu'elle est efficace et nécessaire.

Un cristal pourra être plusieurs fois « programmé », autrement dit, par son intermédiaire, vous pourrez accomplir (l'une après l'autre, bien sûr !) plusieurs actions télépathiques d'influence à distance. Mais entre deux interventions, afin de redonner une « virginité » à votre cristal, vous vous livrerez de nouveau à cette opération de purification. Pour lui donner plus de relief, vous pourrez avec profit, durant la soirée, faire brûler de l'encens de Jérusalem ou de l'encens pontifical.

VOUS NE DEVEZ PAS CONNAÎTRE LE DOUTE, CAR LE CRISTAL AMPLIFIERA VOS ÉMOTIONS, CE QUI POURRAIT NUIRE À LA QUALITÉ DE VOTRE ÉMISSION

Comment « programmer » un cristal ?

Votre cristal est à présent purifié.

- Sortez le de votre cuvette et essuyez-le soigneusement. Vous allez désormais pouvoir passer à la phase dite de programmation.

Vous aurez bien entendu créé autour de vous une atmosphère rituelle.

- Bougies or si votre vœu est de nature financière, vertes ou bleues pour la santé, rouges ou roses pour les sentiments et la sexualité. Vous choisirez également un encens approprié à ce que vous désirez projeter.

Votre vœu devra être clairement défini au moment où vous entamerez votre rituel.

- Vous ne devez pas connaître le doute car le cristal, à l'instar de certains appareils d'ondes de forme, amplifie nos états intérieurs.

Vous êtes debout, face à l'une de vos bougies.

- Fixez-la intensément durant quelques instants.

Emparez-vous du minéral de votre main droite. Deux solutions s'offrent alors à vous.

- La première est de serrer celle-ci sur votre cristal.
- La seconde consiste à placer votre main gauche sous votre main droite, paume ouverte, présentant le cristal comme en offrande.

Fermez à présent les yeux et concentrez-vous sur l'énergie qui émane de votre cristal.

- Dites : « *Que par l'énergie émanant de cette pierre, ma volonté soit transcendée et que mon vœu s'accomplisse* ».
- Comme pour toute forme d'invocation ou de prière, ne prononcez pas cette phrase de manière mécanique. Il faut que vous la profériez avec force et volonté, en y mettant toute votre énergie.
- Il est important également que vous observiez des silences entre chaque mot, de manière à ce que ceux-ci s'inscrivent sur un autre plan de réalité et y deviennent forces agissantes. Concentrez-vous de nouveau quelques instants sur l'énergie cristalline.

NE LE LAISSEZ TOUCHER
PAR PERSONNE D'AUTRE QUE VOUS !

À présent, créez, sous forme d'image, et éventuellement de mot-clé, la situation qui résume le mieux votre but accompli.

- Conservez sur votre écran mental cette image le plus longtemps possible. Dès qu'elle commencera à devenir « floue », imprécise, que vous constaterez que certains détails semblent s'estomper, effacez tout et recommencez.
- Vous pourrez renouveler l'opération autant de fois que vous le souhaitez.

Chaque soir à la même heure (une certaine régularité est essentielle pour mener une opération d'émission au terme souhaité, particulièrement lorsqu'elle induit une modification de la réalité présente), cet exercice ne demandant que peu de temps, vous effectuerez le même rituel. Si vous portez le cristal sur vous, vous le toucherez en réalisant une visualisation rapide de votre situation future ou une simple évocation mentale du mot-clé. Il n'est pas nécessaire que vous dissimuliez votre cristal, celui-ci n'éveillant pas d'office la suspicion ou les questions indiscrètes. En revanche, ne le laissez toucher par personne d'autre que vous. Il ne s'agit nullement ici de superstition, mais du risque d'engendrer une perturbation d'ordre énergétique. Une exception toutefois : si votre projection volitive concerne une personne particulière, celle-ci, et elle seulement, sera en mesure de le manipuler. Cependant, vous ne devrez en aucun cas révéler la nature de vos opérations, ni à cette personne, ni à d'autres, vous fussent-ils proches.

DISTINGUER LA CHARGE MAGIQUE DE LA CHARGE TÉLÉPATHIQUE

Un détail important : toute réalisation complète doit être accompagnée d'une action de grâce. Si vous êtes athée (ce qui ne signifie nullement agnostique), adressez-vous aux « forces de l'univers » ou à « la Puissance de la Vie », voire à la « Force du Cristal » et remerciez-les de leur aide dans l'accomplissement de vos desseins. Si votre vœu concerne une personne particulière, et que vous possédiez un témoin de celle-ci (élément corporel, objet lui appartenant) vous pouvez l'utilisez, soit en le tenant dans votre main gauche, laquelle sera, en ce cas, situé au dessous de la droite; soit en le plaçant sous le cristal dans votre main droite, soit en le plaçant sur une table, sous votre main.

Comment charger télépathiquement un objet

Il convient, avant toutes choses, de distinguer la charge magique d'un objet et sa charge télépatique. Car ici, ces deux disciplines, bien qu'elles possèdent de nombreux points de concomitance, diffèrent de manière radicale. Soumission et destruction sont bien souvent les deux mamelles de la charge magique, laquelle doit être soit enterrée sous un arbre, soit cachée à son insu chez la personne sur laquelle on désire avoir un pouvoir. Une telle charge, sous la forme d'objets appartenant à la « victime » ou de voult (poupée de cire), est effective après un rituel approprié, lequel le consacre à des forces obscures. Un tel procédé est couramment utilisé dans la magie des campagnes, notamment pour chasser un voisin indésirable, voire, dans des cas extrêmes, le faire passer ad patres. Il s'agit donc, en ce cas de figure, de manipulation pure et simple.

LA CHARGE TÉLÉPATHIQUE DOIT CONVAINCRE ET SÉDUIRE...

Si la télépathie peut, dans certaines circonstances, en sembler proche, presque jumelle, elle y échappe cependant par sa nature même. En effet, plus qu'à une conquête, elle vise avant tout à une séduction et, mieux qu'à une destruction pure et simple, à une harmonisation. Créer des images qui atteindront directement l'inconscient et feront pencher sa balance en votre faveur, tel est son but véritable. Ne pas casser les barrières et oppositions, mais les amener à s'ouvrir pour mieux leur livrer passage... Cette clé fondamentale permet de mieux distinguer ce qui peut, par instants, réunir magie et télépathie et les différences notables qui existent entre ces deux disciplines. La charge télépathique a pour but de convaincre, la charge magique de soumettre, d'une manière ou d'une autre.

Dans quels cas avoir recours à une charge télépathique ? À l'inverse de la charge magique, l'objet télépathiquement chargé devra être remis à la personne dont il doit capter l'influence. La raison en demeure fort simple : c'est ici le contact tactile ou visuel avec l'objet qui va ancrer dans l'inconscient du percipient la charge télépathique.

Cette particularité implique donc que cet objet va être remis à une personne particulière, dont dépend notre bien-être et l'évolution d'une situation donnée en votre faveur. Par conséquent, qu'il s'agisse du domaine affectif ou professionnel, il va de soi que la confiance qu'éprouve cette personne à votre égard et la nature de vos rapports puisse justifier que vous lui fassiez un cadeau sans attirer la suspicion. Cela, vous vous en rendrez compte, limite sérieusement l'usage des objets télépathiquement chargés.

AVANT DE CHARGER UN OBJET, IL CONVIENT DE DÉFINIR LA NATURE DE LA CHARGE, AUTREMENT DIT VOTRE VOLONTÉ PROFONDE

Étant donné la manière dont agit la charge, vous devrez, de plus, éviter le don de « denrées périssables », telles que par exemple des fleurs (à moins que vous n'ayez recours à des fleurs artificielles…). Il est essentiel, de plus, que l'objet en question soit synonyme de plaisir pour la personne qui le reçoit. Un objet que l'on méprise et qui sera mis à la cave, au grenier, voire au fond d'une poubelle, eût-il préalablement été chargé télépathiquement, ne possédera aucune valeur active. Or, il serait dommage que vous vous échiniez pour rien ! Il doit donc susciter le regard et le toucher. Un objet chargé peut être constitué d'une pierre, d'un coffre, d'un miroir, d'un bijou, d'une montre, etc.

Avant de charger un objet, il importe naturellement de définir la nature de la charge, autrement dit votre volonté profonde. N'allez pas, par exemple, par excès de pudeur, projeter une relation amoureuse là où n'existe de votre part que désir, car la situation que vous auriez provoquée risquerait de se retourner contre vous, ne pouvant assumer ce que vous aurez suscité.

CHARGER UN OBJET EST UNE OPÉRATION ACCOMPLIE COURAMMENT SANS LE SAVOIR... CETTE IGNORANCE NOUS FAIT PROCÉDER DE MANIÈRE ANARCHIQUE ET INEFFICACE...

La création de l'image à visualiser

Celle-ci demandera un soin particulier dans son élaboration. En effet, l'image « classique » d'une situation désirée, telle que nous l'avons étudié dans les chapitres précédents, présentera ici de sérieuses lacunes. Plus que jamais, vous devez insister, dans votre visualisation, sur le bonheur du percipient face à la situation nouvelle. Cette notion, déjà présente et importante, notamment dans le domaine amoureux, revêt ici une importance cruciale parce que c'est d'elle que dépendra la pleine réussite de votre opération. C'est la présence d'un sentiment semblable qui poussera le récepteur de votre charge à donner à votre objet une place dans son existence, le poussant, inconsciemment, à le manipuler et à le regarder plus qu'à son tour. Notons d'ailleurs, au passage, que, à l'instar de nombre d'opérations liées, de près ou de loin, à la télépathie, charger un objet est un exercice que nous exécutons bien souvent sans le savoir. Mais cette ignorance même nous fait alors procéder de manière anarchique et nous n'obtenons alors que des résultats imparfaits et aléatoires... voire pas de résultats du tout !

CHARGE TÉLÉPATHIQUE, MODE D'EMPLOI

Charge télépathique d'un objet

- Vous opérerez en lune montante, durant toute la durée d'un cycle lunaire.
- Installez votre climat rituel (nappe blanche, bougies, encensoir, charbons ardents, encens).

Si vous possédez un témoin de la personne (photo, éléments corporels tels que cheveux, ongles etc).

- Prenez celui-ci dans votre main gauche, paume ouverte tournée vers le ciel.
- Tandis que l'objet à charger se trouvera dans votre main droite, paume fermée tournée vers le bas, au-dessus du témoin.
- Si ce n'est pas le cas, l'objet sera tenu, paume ouverte, dans votre main droite.
- Vous pouvez également poser l'objet sur la table et placer vos mains au-dessus, paumes tournées vers le bas. Une telle variante s'imposera d'elle-même si l'objet est trop gros pour pouvoir être tenu dans la main.
- Autre possibilité : procéder avec un pendule égyptien, que vous ferez tourner vers la droite, de manière volontaire, pendant toute la durée de vos visualisations. Ne vous y risquez cependant pas si vous maîtrisez mal cet instrument.

Inspirez et expirez profondément, à plusieurs reprises, afin de mieux vous mettre en condition, éradiquant de votre esprit toute pensée parasite.

- Fixez quelques instants vos bougies puis effectuez une nouvelle série de respirations lentes et profondes.

Vous êtes à présent au diapason de l'ambiance que vous avez créée.

- Fermez les yeux et créez l'image que vous avez précédemment élaborée.
- N'oubliez pas que dans cette image, votre partenaire, en amour ou en affaires, doit être heureux, détendu, radieux de l'accomplissement.
- Ne changez surtout pas d'image en cours de route, ce qui ôterait sa force à votre projection.
- Si vous sentez que celle-ci n'est pas encore au point, cessez votre rituel et reprenez lorsque vous serez sûr de vous.

Vous pourrez recréer l'image jusqu'à deux ou trois fois de suite, si elle venait à s'effacer mais pas davantage car la qualité première en serait amoindrie. Une fois la visualisation terminée, laissez-vous pénétrer par le sentiment de la joie que vous transmettrez à votre objet.

Au bout de quatre semaines, vous remettrez l'objet. Soyez sans crainte, il agira, mieux que vous ne sauriez le faire… à condition toutefois que vous l'ayez judicieusement choisi !

UNE TECHNIQUE PARTICULIÈRE, POUR LES PROJECTIONS TÉLÉPATHIQUES LIÉES AU DÉSIR ET À LA SENSUALITÉ

Si votre désir est lié au corps, au désir, bref à la sensualité, vous pouvez également avoir recours à la méthode qui suit.

- Après avoir pris un bain parfumé, de manière à ce que vos odeurs corporelles n'imprègnent pas l'objet en question, installez votre ambiance rituelle.

- Veillez à ce que la pièce où vous opérerez soit bien chauffée et prenez soin de débrancher votre téléphone, de manière à ne pas être interrompu dans votre rituel de charge.
- Votre appartement ne doit avoir d'autre source lumineuse que les seules bougies.
- Couchez-vous, nu, sur le lit.
- Fermez les yeux.
- À présent, vous allez passer lentement votre objet sur l'ensemble de votre corps, à la manière d'une caresse. Votre visualisation, qui peut être en ce cas progressive, s'effectuera en même temps.
- Encore une fois, n'oubliez pas le plaisir que doit ressentir votre « partenaire » auquel l'objet est en quelque sorte identifié.

Cette opération peut constituer, en quelque sorte, l'étape finale, que vous accomplirez la veille de remettre votre objet « chargé », après être passé par les phases précédentes.

CHAPITRE XV

Télépathie et ondes de forme

ACCÉLÉRER ET AMPLIFIER LES PHÉNOMÈNES D'ÉMISSION ET DE RÉCEPTION

DANS le domaine de la télépathie, un apport considérable peut être fourni par l'utilisation des ondes de forme. Celles-ci permettent indubitablement d'accélérer et d'amplifier les phénomènes d'émission et de réception. Cette spécificité se révèle de manière particulière dans toute projection volitive destinée à modifier le comportement d'une personne à notre égard ou le cours des événements. Cependant, il serait des plus absurdes de tenter de courir avant de savoir marcher, autrement dit de vouloir recourir aux appareils générateurs d'ondes de forme avant de maîtriser parfaitement les aléas de la puissance émettrice et réceptrice de votre pensée. Ceux-ci, en effet, auront tendance à démultiplier vos doutes, vos errances, votre manque de foi ou d'assurance, ce qui serait susceptible, dans le meilleur des cas, de rendre votre action nulle et non avenue et, au pire, de produire un résultat contraire à celui espéré.

L'ÉNERGIE PYRAMIDALE N'EST EN CONTRADICTION AVEC AUCUNE FORME DE RELIGION OU DE SPIRITUALITÉ...

La pyramide est sans aucun doute le plus classique des instruments d'ondes de forme. Extrêmement performant, il est, de plus, facile d'utilisation. Remis sous les sunlights de l'actualité ésotérique par les travaux de Serge V. King et les vagues du mouvement new age, il ne les a plus quittés depuis. La répétitivité de ses propriétés physiques, notamment pour le vieillissement des vins, la croissance des plantes et l'affûtage des lames de rasoir a convaincu nombre d'utilisateurs d'aller plus loin dans leurs recherches, pour découvrir que le champ d'exploration et d'expérimentation, au niveau des énergies subtiles, était quasiment infini. Une pratique qui n'est en contradiction avec aucune religion connue ou forme de spiritualité quelle qu'elle soit.

S'il maîtrise parfaitement cette position, l'émetteur se placera en lotus, une pyramide en carton à l'échelle posée sur le sommet de son crâne, pendant ses opérations télépathiques. Il lui sera, par la suite, loisible de comparer ses résultats avec ceux obtenus sans cet apport. Ses premières expériences en ce sens porteront donc sur des sujets mineurs, destinés à se familiariser avec ce nouvel instrument. Si vous éprouvez des migraines suite à une telle expérience, réduisez votre temps d'exposition. Toutes les opérations de télépathie, classiques ou dérivées, peuvent être accomplies de cette manière. Si la présence de cette forme sur votre tête vous gêne ou vous semble ridicule, n'hésitez pas à adopter la solution de la pyramide suspendue, en perçant légèrement le sommet pour y faire passer un fil de nylon. Ou encore, placez celle-ci, l'énergie pyramidale rayonnant dans les directions indiquées par ses arêtes, sur une étagère transparente au-dessus de vous.

SI VOTRE CHARGE NE CONCERNE PAS UNE PERSONNE MAIS UNE SITUATION...

L'intérêt majeur de la pyramide, dans le cadre du sujet qui nous intéresse, réside néanmoins dans sa capacité à contenir des témoins dont elle dynamisera la charge apportée par votre énergie mentale. Vous comprendrez aisément tout le parti qui peut être tiré d'une telle possibilité.

L'un des côtés de la pyramide devra obligatoirement être orienté vers le nord magnétique, que vous déterminerez à l'aide d'une boussole.

- Si vous souhaitez obtenir une charge supérieure, choisissez en offrande un objet de petite taille, que vous placerez au niveau de la chambre du roi, laquelle est en règle générale indiquée et se situe à un tiers environ de la hauteur.
- Placez alors les mains des deux côtés du sommet, en visualisant l'image définie à l'avance.

Si vous possédez un témoin :

- Disposez-le à la base de la pyramide. Il se peut également que votre charge ne concerne pas une personne mais une situation.

Dans ce cas, placez au niveau de la chambre du roi une des lames mineures du Tarot de Marseille (il en existe une version miniature qui se prête parfaitement à ce genre d'opérations) :

- As de coupe pour l'Amour.
- As de Deniers pour les Affaires.
- As d'épée s'il s'agit de dénouer une situation embrouillée ou trop statique. Elle donnera plus de force à l'image que vous allez visualiser.
- Vous pouvez également placer, au niveau de la chambre du roi, le mot-clé que vous avez choisi.

LE DODÉCAÈDRE, UNE FORME DONT L'INTENSITÉ VIBRATOIRE SEMBLE SUPÉRIEURE A CELLE DE LA PYRAMIDE

Le dodécaèdre, forme contenant douze pentagrammes, est une forme probablement aussi ancienne que la Pyramide, mais sa redécouverte est plus récente. Les auteurs grecs en font mention dans une perspective mystique. On retrouve également cette forme chez les Celtes.

Le grand initié Léonard De Vinci avait quant à lui créé un dodécaèdre fermé dont il fut réalisé, depuis, une fidèle reproduction.

Si vous utilisez un petit dodécaèdre, qui tient dans la paume de la main (car, dans le domaine des ondes de forme, c'est avant toutes choses le respect des proportions, de l'échelle initiale qui revêt une importance capitale, bien davantage que la taille), vous procéderez de la même manière que pour programmer un cristal.

Là encore, vous pouvez avoir recours aux lames d'un tarot miniature, selon les attributions étudiées plus haut.

Vous avez également la possibilité, dans cette perspective, de placer votre dodécaèdre au-dessus de la lame, la face visible tournée vers le haut, et de procéder à leur dynamisation par l'intermédiaire d'un pendule égyptien. À moins que vous ne lui préfériez le « pendule de l'architecte ».

Ces deux instruments radiesthésiques, tous deux inspirés de modèles retrouvés dans des pyramides pharaoniques, sont, par leur forme, les plus appropriés pour la radiesthésie active. En pratiquant vos girations, vous devrez également projeter l'image qui synthétise le mieux la situation.

LE PENDULE ÉGYPTIEN ET LE PENDULE DE L'ARCHITECTE : DEUX ALLIÉS CONSIDÉRABLES POUR LA PROJECTION VOLITIVE

Si vous utilisez le dodécaèdre fermé, reproduction à l'identique, au niveau des proportions, de celui créé par le grand peintre initié, vous placerez en son sommet votre mot-clé et, éventuellement, à la base un témoin du domaine ou de la personne sur laquelle vous voulez opérer une action télépathique. Vous placerez la main droite au niveau du pentagramme central du sommet et votre main gauche au niveau du mot-clé. Le reste de l'opération se déroulera, hors ces particularités, exactement de la même manière qu'une projection télépathique classique. Si, enfin, vous avez recours à un dodécaèdre structure (en bois ou en laiton), votre mot-clé sera scotché au sommet de celui-ci, face tournée vers le bas. Le témoin, quant à lui, se trouvera à la base. Vous pouvez également placer à l'intérieur un objet que vous désirez charger télépathiquement. En un certain sens, on peut affirmer que le dodécaèdre, dont chaque phase représente l'étoile de l'homme, dessiné par Léonard de Vinci, possède une énergie supérieure à celle de la pyramide. Le placer dans la pièce dans laquelle vous pratiquerez vos projections télépathiques dans bien des cas donnera plus de relief à votre force volitive. Même hors ritualisation, sa puissance demeure intacte. Le générateur pyramidal vous ouvre une autre perspective : celle d'abréger vos projections. Possédant une force vibratoire d'une intensité inouïe, cet appareil demande un faible dosage d'énergie. Dans le cas contraire, vous risqueriez de vous trouver dépassé par les événements, ce qui pourrait nuire à la qualité de vos réalisations. Dans le cas d'une action télépathique par le biais de cet instrument, il est plus que jamais primordial que vous soyez certain de l'utilité du but poursuivi.

CHAPITRE XVI

Télépathie et sciences initiatiques

A un stade ou à un autre, la télépathie intervient dans presque tous les domaines de la parapsychologie et des sciences occultes. C'est pourquoi, afin de permettre au lecteur de mieux s'y repérer, nous avons dressé une sorte de mini-inventaire des pratiques spirituelles et magiques et de l'influence exercée, dans chacune de ces disciplines, par l'action télépathique.

AURA :

- L'aura peut être définie comme le champ magnétique émanant de tout être vivant, définition qui s'étend également aux objets ainsi qu'aux différents règnes. Nous avons pu voir que les expériences menées par l'ingénieur russe Kirlian ont abouti à la création d'un appareil permettant de photographier celle-ci. Des tests menés sur des voyants et des magnétiseurs ont permis de déterminer que les dimensions et couleurs de l'aura subissaient une modification sensible après l'intervention du médium ou du guérisseur, non seulement chez la personne traitée dans le cas du second, mais également dans les deux cas chez les opérateurs eux-mêmes. Il en est de même pour la télépathie, qui appartient à un domaine similaire : celui de l'élargissement du champ de conscience.

AURA (lecture d') :

- Certains médiums peuvent, sans le secours de l'appareil Kirlian, déceler l'aura de leurs contemporains, en définir la forme et les couleurs. Il est probable qu'une telle expérience se produise lors de votre progression dans le monde de la télépathie. La raison en est fort simple : en développant votre intuitivité, en mettant bas peu à peu les barrières du monde cartésien (d'ailleurs si éloigné de Descartes), bref en approfondissant votre sensibilité réceptive, les corps subtils en viendront à vous livrer nombre de leurs secrets.

CHAKRAS :

- On sait que l'ouverture brutale des chakras, pour qui n'y est pas préparé, peut être des plus dangereuses. Ces centres énergétiques qui jalonnent notre corps subtils sont les canaux par lesquels la force de vie peut s'exprimer. La pratique de la télépathie et de l'autotélépathie, en dénouant peu à peu les nœuds de votre personnalité pour vous ouvrir vers la vie et aller vers elle avec davantage d'assurance, de confiance, permettront à cette puissance vitale de s'exprimer librement à travers votre corps. L'ouverture progressive des chakras semble ici la conséquence logique d'une progression dans la connaissance de soi-même et des autres. Connais-toi toi-même et tu connaîtras les hommes et les dieux...

ÉVOLUTION SPIRITUELLE :

- Bien comprise, la télépathie constitue un facteur essentiel d'évolution spirituelle. D'une part, par l'intermédiaire de l'autotélépathie, nous sommes en mesure d'agir sur les aspects de notre comportement qui nous dérangent. Il ne faut tout de même pas chercher à griller systématiquement les étapes, même si une telle pratique peut entraîner de véritables prises de conscience menant parfois à des changements de cap radicaux. Ou peut-être précisément pour cela. De même peut-il être dangereux, par le biais d'une émission télépathique, de vouloir à tout prix accélérer le processus de maturation d'une personne donnée. Par ailleurs, nous émettons tous, inconsciemment et de manière anarchique, des pensées qui ne trouvent leur force que dans la répétition, ce qui amène souvent des événements souhaités à se réaliser... au plus mauvais moment, c'est-à-dire alors que nos besoins fondamentaux sont devenus autres; ou à se voir matérialiser dans notre quotidien des projections négatives, qui vont constituer, au niveau astral, une sorte d'auto-envoûtement télépathique. Par la maîtrise des pensées et la vigilance qu'elle implique, la pratique de la télépathie, de manière consciente et dirigée, nous rend davantage responsable de nos pensées, évitant une certaine forme de dispersion, néfaste à l'expression de tout potentiel spirituel. Elle constitue donc un atout évolutif certain.

ÉGRÉGORES :

- La création d'un égrégore est nécessairement liée à un exercice de télépathie collective. Elle peut être consciente (au sein d'un groupe télépathique (dans ce cas l'égrégore possédera une durée de vie déterminée et une mission précise relative au dit groupe) ou inconsciente, s'accomplissant au fil du temps et de multiples prières individuelles ou collectives. Ce phénomène de construction d'une forme-énergie dotée de pouvoirs ou d'attributs nous semble directement lié à la télépathie, même si, une fois créée, elle entre dans le domaine de la magie pure, principalement en ce qui concerne les égrégores élaborés de longue date. On ne peut affirmer qu'un égrégore possède alors une conscience au sens propre du terme ; il devient néanmoins une énergie active programmée, totalement indépendante de ses créateurs.

GÉOBIOLOGIE :

- Plus que de cerveau à cerveau ou d'intelligence à intelligence, c'est à un échange d'énergie à énergie que pourrait se résumer la définition de la télépathie. Et, dans la plupart des cas, énergie chargée d'informations. Percevoir la présence d'ondes nocives, de sources souterraines, ou de nœuds Hartmann (croisement de deux lignes de force tellurique) peut, dans certains cas, être effectué par le biais d'appareils électroniques très sophistiqués. Il ne saurait, en ce cas, être question d'incidences télépathiques. Il en est tout autrement, en revanche, pour toutes les méthodes « intuitives », autrement dit celles dont le succès dépend en partie de l'opérateur. C'est le cas des baguettes Hartmann ou du pendule. L'opérateur sera alors essentiellement récepteur, développant cet aspect de sa personnalité à partir d'un support. Il procédera de la même manière mais, cette fois-ci, dans une action volontaire que lors du phénomène que nous avons nommé « mémoire des murs ».

MAGIE :

- Même si ce domaine ne peut se résumer à une simple action télépathique (émission, réception ou les deux combinés), il est à noter que la télépathie intervient dans toutes les formes d'opérations occultes, à un niveau ou à un autre. Nombre de rituels ne sont destinés qu'à opérer une mise en condition du magiste, lequel va ainsi pouvoir exprimer sa force volitive de manière optimale. La télépathie peut d'ailleurs s'exercer d'un plan de réalité à l'autre, comme c'est le cas notamment dans la création ou l'invocation d'une force égrégorielle. Même si elle n'est pas toujours (excepté dans le cadre de ce que Cornelius Aggrippa nommait « magie humaine ») le seul élément en cause, l'action télépathique demeure le plus souvent la clé de contact du monde occulte. C'est en donnant à notre pensée la forme d'une énergie active que nous pouvons exercer une influence à distance, ou entrer en contact avec diverses entités. Qu'il s'agisse d'ailleurs de magie blanche ou noire ne change rien à l'affaire... Ensuite, tout est problème de conscience et de « contrôle » des énergies invoquées.

MAGNÉTISME :

- Il existe dans cette discipline deux courants, deux écoles, dont les points de vue divergent : celle dite du magnétisme spirituel et celle du magnétisme animal. Pour la première école, le magnétiseur n'est qu'un canal qui capte l'énergie divine pour la retransmettre. Pour la seconde, tout être est doué de magnétisme et l'énergie guérisseuse émane de l'opérateur lui-même. Mais quelle que soit l'explication donnée quant à la nature du phénomène, on peut sans crainte affirmer que, dans les deux cas, la télépathie a son mot à dire. En effet, tout acte magnétique est guidé par la volonté de guérir.

Dans l'école du magnétisme spirituel, l'opérateur ne peut agir efficacement qu'en développant son aptitude à la réceptivité ; alors, il peut se brancher sur l'astral, autrement dit se connecter télépathiquement avec d'autres plans de conscience. Cette énergie reçue, il devra la transmettre et faire alors office d'émetteur. Dans l'école du magnétisme animal, c'est, avant toute chose, la disposition à l'émission que devra développer l'opérateur. Il devra parvenir à concentrer ses énergies pour en transmettre le flux positif.
Le cas où l'action télépathique demeure la plus flagrante et la plus incontournable est bien entendu celui de l'action à distance où, souvent aidé par la visualisation, l'émetteur devra concentrer ses énergies mentales sur un but particulier : la guérison d'une personne qui lui est chère, ou, pour être plus précis, l'aide au processus d'autoguérison.

MAGNÉTISME PERSONNEL :

- Ce que le regretté Jagot nommait le « magnétisme personnel », qui pourrait se résumer par un développement de l'énergie intérieure, de l'aura, du champ électro-magnétique d'une personne, ce qui accentuera sa faculté d'être écoutée et d'agir plus que « d'être agie » est l'une des bifurcations vers lesquelles conduit la télépathie.
En effet, cette discipline, telle que nous l'avons étudiée au cours des chapitres précédents, est avant tout une école de concentration, de vigilance, d'attention et de maîtrise de soi. Les exercices nécessaires pour parvenir à une utilisation consciente et dirigée de la pensée ne peuvent que bénéficier à la pleine expression de votre potentiel humain et vous rendre davantage « présent » aux yeux d'autrui. Magnétisme personnel et télépathie ont donc, en quelque sorte, partie liée.

MANIPULATION MENTALE :

- Si la télépathie peut, malheureusement, devenir pure manipulation mentale ou du moins y participer, il n'en faudrait pas pour autant conclure que les deux soient étroitement confondues.
La télépathie, dans la plupart des cas, a pour but avoué, d'une part, de favoriser la communication entre deux personnes, de l'autre, d'accélérer l'éclosion d'un phénomène latent.
La manipulation mentale, quant à elle, consiste à faire agir une personne contre sa volonté pour la faire partager nos vues, voire les lui imposer.
Elle est d'ailleurs à double tranchant car, même s'il ne la formule pas, le manipulé finit toujours par s'en rendre compte et pourrait alors le faire payer très cher à son manipulateur.
Toutefois, comme nous l'avons vu, développer sa capacité d'émission permet également de se protéger de la pure manipulation.

ONDES DE FORME :

- Là encore, la télépathie va jouer un rôle qui est loin d'être négligeable.
Les ondes de forme possèdent en effet un double rôle : celui de protéger contre les ondes nocives, mais également d'exercer une action occulte pour « féconder l'événement ».
Des formes telles que la pyramide, le dodécaèdre ou le générateur pyramidal, par exemple, vont décupler votre énergie mentale pour en faire une force active sur le plan astral.
Ici, l'élément télépathique est prédominant puisque c'est la qualité de votre émission qui déterminera l'ampleur et la qualité des résultats.

PENSÉE POSITIVE :

- La télépathie, aussi bien en tant qu'émetteur qu'en tant que récepteur, permet de prendre conscience de la puissance active de nos pensées.

  Elle constitue en ce sens un tremplin intéressant pour la pensée positive.

  Qui est conscient du caractère agissant de ses pensées et apprend à les maîtriser afin de mieux les diriger les orientera plus volontiers vers des buts épanouissants.

  L'exercice pratique de la télépathie constitue donc une sorte de frein aux pensées négatives, en permettant de densifier votre volonté dans des directions précises, vers la victoire et non vers une défaite.

PHOSPHÈNES :

- Le phosphène, rappelons-le, est un cercle coloré apparaissant après la fixation d'une source lumineuse.

  Le Docteur Francis Lefébure a su, dans de multiples ouvrages, démontrer leur influence dans les phénomènes de parapsychologie, particulièrement à travers ce qu'il nomme le « mixage phosphénique ».

  Celui-ci consiste à projeter une pensée, sous forme d'image affirmative ou de mot-clé à l'intérieur du phosphène au moment de son apparition.

  Le mixage phosphénique relève donc typiquement du domaine qui nous intéresse. L'énergie est ici portée, comme dans le domaine des ondes de forme, par celle d'un tierce élément qui démultiplie sa force et la cristallise en nous.

  Cette dernière particularité permet d'ailleurs de pratiquer, par son biais, aussi bien la télépathie que l'autotélépathie.

POLTERGEISTS :

- Dans toutes les affaires de poltergeists ou de maisons hantées, on se trouve en présence d'un percipient, sous la forme d'un pré-adolescent en crise de puberté. La « mémoire des murs » est une sorte de télépathie entre l'énergie mentale du percipient et une énergie chargée d'informations. Cette énergie, souvent d'ordre négatif, est renvoyée par le « médium » sous forme de puissance effective, entraînant déplacement d'objets ou, dans certains cas, matérialisations. Cette ultime opération d'émission humaine est, dans ce cas, purement involontaire.

PRIÈRE :

- Loin d'être incompatible avec les rites religieux, de quelque obédience qu'ils soient, la pratique de la discipline enseignée dans cet ouvrage bien au contraire en renforce les effets. La prière, au même titre d'ailleurs que l'invocation ou le chanelling, vise en effet à entrer en contact avec des plans supérieurs de conscience. Nous nous trouvons alors soit en état de réceptivité intense (dont l'un des plus hauts degrés est l'extase mystique, sorte de fusion momentanée avec l'Énergie Universelle), soit d'une projection volontaire au niveau de l'astral, comme c'est le cas par exemple dans l'invocation des saints ou les prières de l'Abbé Julio, qui visent un but précis, une réalisation concrète et matérielle. Votre énergie mentale va alors être portée vers des formes-énergies agissantes (égrégores allant dans le sens d'une réalisation de soi) qui prendront en quelque sorte le relai de votre désir, pour le porter à sa plus haute puissance vibratoire… du moins s'il va dans le sens de leurs attributions.

PROTECTION :

- La télépathie, du moins si l'on développe de manière harmonieuse nos deux aspects, émetteur et récepteur, permet de renforcer la volonté et l'énergie mentale. Elle peut ainsi constituer une véritable barrière mentale contre toute agression psychique ou occulte. Nous conseillons, cependant, en ce dernier cas, de renforcer ce verrou naturel par des rituels ou pratiques appropriés. Nous avons également vu, dans cet ouvrage, comment devenir imperméable aux tentatives d'influence sur votre comportement. Les personnes essentiellement réceptives auront tout intérêt à se protéger davantage que les autres car elles seront plus sensibles à toute forme de manipulation mentale et vibratoire, que ces dernières soient volontaires ou non.

RADIESTHÉSIE :

- La télépathie intervient à de nombreux stades de la Radiesthésie, que celle-ci soit d'ailleurs active ou divinatoire. Quand il pose une question, le pendulant se met en état de réceptivité mentale et la réponse lui parvient sous la forme des mouvements de son instrument, girations ou oscillations dextres ou senestres. Peu importe d'ailleurs qu'il se mette alors en relation avec l'inconscient collectif, le sien propre ou celui de la personne sur ou pour laquelle il pose ses questions. Dans ce cas, il est dans la position du récepteur télépathique, ouvert aux informations qui lui sont transmises. Dans le cas d'une radiesthésie active, en d'autres termes la radionique, qui recoupe par ailleurs bien d'autres domaines tels que le magnétisme à distance, l'action par l'intermédiaire du pendule ne prend de sens véritable et d'efficacité réelle, qu'il s'agisse de transmettre un influx positif à telle ou telle personne ou de dynamiser un verre d'eau dans un but curafif, que lorsqu'elle est portée par la volonté créatrice de l'opérateur. Autrement dit, nous sommes en plein exercice d'émission télépathique assistée. On comprendra aisément l'incidence de la télépathie en ce qui concerne la recherche sur plans, puisqu'il s'agit en fait de capter la fréquence d'émission d'une personne particulière et de la localiser de manière précise. Ici, le radiesthésiste n'est pas seulement récepteur puisque, en fait, il transmet, en tant qu'émetteur, une onde particulière, une sorte d'appel auquel il tentera d'obtenir une réponse, même si celle-ci vient du plus profond de l'inconscient de la personne disparue.

RÊVES DIRIGÉS :

- En établissant une communication plus fluide entre votre conscient et votre inconscient, la pratique de la télépathie peut vous donner accès à celle des rêves dirigés. Vous pourrez, en quelque sorte, programmer vos rêves par l'intermédiaire d'une variante de l'autotélépathie. N'espérez pourtant pas obtenir de semblables résultats dès vos balbutiements en la matière. Il faut, pour y parvenir, un parfait contrôle de vos pensées auquel vous n'accéderez que par un travail assidu.

RÊVES PRÉMONITOIRES :

- Si une pratique régulière de la télépathie, ou du moins de la télépathie consciemment dirigée et correctement utilisée, n'induit pas nécessairement l'apparition de rêves prémonitoires, il est en tout cas certain qu'elle les favorise amplement. La raison en est fort simple : en apprenant à structurer vos pensées, à les projeter dans telle ou telle direction, en développant la pratique de l'autotélépathie, vous rendez progressivement moins opaque, plus fluide, la barrière entre conscient et inconscient. De même que celles de ce qu'Allan Watts nommait « l'ego encapsulé de peau ». Autrement dit, vous êtes davantage en connexion non seulement avec votre propre inconscient mais également avec l'inconscient collectif. Il est donc fréquent que les rêves prémonitoires soient un épiphénomène consécutif au développement harmonieux de vos facultés télépathiques.

SOPHROLOGIE :

- Si l'on ne peut affirmer que l'hypnose relève d'une action télépathique, puisque, bien que sous-tendue par la volonté, elle réside essentiellement sur la parole, il n'en est pas de même pour la sophrologie. Une cassette ou une tierce personne va suggérer certains états, certaines situations à un individu consentant et conscient (ce mot est sans doute le plus important). Or, l'efficacité d'une action sophrologique ne peut se concevoir sans une autotélépathie de la personne sophronisée, qui retranscrira en termes d'images les suggestions sonores pour les projeter vers son subconscient, induisant de cette manière une véritable relaxation.

SPIRITISME :

- Qu'il s'agisse de spiritisme « courant » (touchant principalement les membres de votre famille ou des gens qui, de leur vivant, vous furent proches et connus) ou de channelling (communication avec des esprits ayant atteint sur la Terre un haut degré de spiritualité), le dialogue avec l'au-delà implique une action télépathique. Que celle-ci s'effectue d'un plan de réalité à l'autre, et non sur le même plan, ne modifie pas foncièrement la nature de l'acte. L'erreur fréquemment commise est celle qui consiste à penser qu'il s'agisse uniquement d'une action réceptive. Un tel égarement d'ailleurs est souvent source de danger pour le « médium ». Il est essentiel d'avoir un parfait contrôle de notre connexion avec les formes-énergies que nous invoquons car toutes ne sont pas nécessairement, d'une part, bien disposées à notre égard. D'autre part, parce que passer d'un niveau de conscience à l'autre est un exercice qui peut s'avérer des plus épuisants. Ne parlons même pas des risques de parasitage. Il est donc important de pouvoir, dès que l'opérateur en éprouve la nécessité, revenir sur le plan matériel et quitter le plan astral. Pour cela, il nous faut maîtriser tant notre capacité réceptive que notre capacité émettrice, laquelle renforce notre volonté créatrice, constituant le bouclier nécessaire contre les mauvaises surprises de l'astral. Le médium doit communiquer avec les esprits de l'au-delà, et non se laisser posséder par eux... du moins s'il tient quelque peu à sa santé physique et mentale !

TÉLÉKINÈSE :

- Elle consiste à faire bouger les objets par l'unique pouvoir de notre pensée, voire, dans certains cas extrêmes, à en modifier la structure moléculaire. En un mot comme en cent, à agir sur la matière par notre puissance mentale. S'il peut être, dans ce cas, parlé de télépathie, c'est au sens large, non comme un échange d'esprit à esprit mais d'énergie à énergie. Car, pour parvenir à de tels résultats, il est nécessaire qu'il y ait communication, influence au niveau subtil. Nous avons vu, dans notre chapitre consacré à la télépathie avec les objets, que ceux-ci, à l'instar des animaux, de l'homme et des plantes, émettaient un rayonnement électro-magnétique, ce que les anciens nommaient l'aura. Celle-ci peut-être mesurée par le biais d'un appareil Kirlian. C'est sur ce champ électromagnétique qu'agit celui qui pratique la télékinèse, par la projection consciente de son énergie volitive.

VIES ANTÉRIEURES :

- Si partir à la recherche de ses précédentes incarnations par le biais de l'autotélépathie ne constitue pas une évidence, cette quête demeure cependant de l'ordre des possibles. Sans doute est-il pour cela nécessaire d'être parvenu à un certain degré de contrôle sur son inconscient. On pourra auparavant défricher le terrain par une exploration radiesthésique (voir à ce sujet « Guide initiatique de la Radiesthésie » de Jean-Claude Secondé). La recherche, pour être efficace, devra en effet demeurer extrêmement ciblée. L'objectif est d'envoyer un message suffisamment fort à l'inconscient pour qu'il se déverrouille. N'attendez pas cependant que l'image succède immédiatement à un tel exercice. La réponse peut vous apparaître sous la forme d'un rêve mettant en scène celui que vous avez été. Ou au cours d'une relaxation, parfois une semaine ou deux après votre exercice d'autotélépathie. Que fait d'autre, d'ailleurs, le Rebirth, poussé jusqu'en ses ultimes conséquences en vous plaçant, par l'intermédiaire d'exercices basés sur le souffle, en état d'hyper-réceptivité.

VISUALISATION :

- Elle demeure une clé essentielle de la télépathie. Pour devenir force agissante, la pensée doit pouvoir s'exprimer de la manière la plus synthétique possible. Or, quelle que soit la façon dont l'énergie de l'émetteur soit captée par le récepteur, il existe peu de moyens de transmission aussi directs que l'image, laquelle pourra d'ailleurs être accompagnée d'un mot clé. La faculté de visualisation se révèle particulièrement utile dans le cas d'une projection de la volonté, car elle nous permet de programmer une situation future, jusques dans ses moindres détails. On aura soin, en ce cas, de faire appel à une image forte et significative, qui résume explicitement la situation à venir comme réalisée.

VOYAGE ASTRAL :

- Projeter sa conscience hors de son corps exige une parfaite maîtrise de son mental. L'énergie apportée par les exercices télépathiques permettra de faire face à tous les types de situations. Le dédoublement nécessite une action volontaire de l'esprit, en quelque sorte une autotélépathie. Dans son ouvrage « Guide de la quatrième dimension », l'ésotériste Jean-Paul Bourre démontre, par l'exemple, ma nécessité d'avoir, dans le monde astral, des réponses rapides et précises. La pratique de la télépathie, augmentant le self-contrôle, permettra, en plus, de mieux maîtriser la réintégration de son corps physique.

VOYANCE :

- Où s'arrête la télépathie ? Où commence la voyance ? Telle est la question. Elle n'est cependant pas près d'être résolue. La voyance, à l'instar de la télépathie, ne se manifeste pas nécessairement par le flash visuel ; les informations peuvent également perçues par n'importe lequel de nos sens : auditif, olfactif, tactile et même gustatif... Elle peut également prendre la forme d'une transfusion mémorielle, à la manière du phénomène du souvenir. Capter, en état de réceptivité, les informations concernant le passé ou le présent d'une personne peut être considéré comme un exercice de perception télépathique. Là où la limite devient plus floue entre ces deux disciplines, c'est lorsque surgissent des éléments n'appartenant pas à ces deux domaines. Notre inconscient contient-il les informations relatives à notre devenir ? S'entrecroise-t-il de telle manière avec celui de nos contemporains qu'une personne en état de réceptivité soit capable de percevoir des informations, enregistrées mais non parvenues à la surface du subconscient du consultant, concernant des personnes qui lui sont chères ? Si nous affirmons que la frontière est floue, elle existe néanmoins. S'il en était autrement, toute personne télépathiquement réceptive devrait être en mesure de capter ces informations. Or, ce n'est pas nécessairement le cas. De plus, si l'action était en ce cas uniquement d'ordre télépathique, il est probable que les renseignements par ce biais obtenus touchent davantage à la vision idéale du consultant (ou à ses craintes) qu'à son devenir réel. N'en déplaise à Gérard Majax…

Conclusion

LA physique quantique a radicalement modifié les perspectives de la parapsychologie. Ainsi, le scientifique Jean Charon n'hésite-t-il pas à affirmer que, non seulement la télépathie existe mais que, en outre, sans elle, toute communication deviendrait impossible, étant donné la multiplicité des sens donnés à un seul et même mot. Une expression populaire ne dit-elle pas que « le courant passe » ou, à l'inverse, « ne passe pas » pour désigner le niveau de communication entre deux individus. Car la télépathie demeure, avant toute chose, un échange sur le plan énergétique, toute énergie étant chargée d'informations. Au niveau de la structure moléculaire, la Science a pu constater de tels échanges au niveau des électrons composant la matière. L'être humain étant une créature éminemment complexe, ces impulsions se transforment, dans le secret de notre cerveau, en images ou sensations. La télépathie n'appartient donc nullement au domaine des « pouvoirs extra-sensoriels ». Si pouvoir il y a, c'est avant toute chose sur nous-même puisqu'une telle discipline implique précisément que nous disciplinions nos pensées afin de mieux les orienter dans une direction précise. Car si la télépathie est, quoique en puissent penser les modernes Tartuffe et Trissotin de la Parapsychologie, à la portée de chacun d'entre nous, elle demande un apprentissage des plus rigoureux, l'une des grandes plaies du monde moderne étant la dispersion permanente de nos idées et de notre énergie vitale, entraînant une confusion à tous les niveaux de notre existence.

En ce qui concerne l'objet de notre ouvrage, le mot « extrasensoriel », semble, quant à lui, le plus inapproprié qui soit, l'action télépathique mettant bien au contraire en jeu l'ensemble de nos cinq sens. Parler de sixième sens est en quelque sorte… un non-sens puisqu'il s'agit de pousser ceux que la Nature nous a attribués au maximum de leurs possibilités. En un mot comme en cent, de leur faire franchir la vitesse supérieure.

Le lecteur sera sans doute allé de surprise en surprise, à travers ce livre qui bouscule nombre d'idées reçues. Nous avons tenté d'accomplir une sorte de synthèse de la télépathie telle qu'elle est à travers nos expériences. Non seulement de le dire mais surtout de vous montrer comment développer vous-même vos dons télépathiques latents, en délaissant volontairement quelques vieilles lunes auxquelles s'attachent encore certains parapsychologues de salon. La télépathie va bien au-delà de la simple transmission de pensées, ou même d'images. Elle peut vous permettre de changer littéralement votre vie ; ce sont les instruments d'une telle métamorphose que nous avons voulu vous livrer, sans à prioris ni faux-semblants, sans opérer de séparation arbitraire entre des domaines bien plus proches que certains ne tendent à le penser : télépathie, voyance et magie. La force de la pensée est une énergie en action mais encore faut-il savoir la canaliser correctement. Les travaux que nous vous avons proposés dans cet ouvrage sont liés à des expériences vécues.

Certains vous demanderont beaucoup de rigueur et d'autodiscipline. Mais c'est là un bien faible effort en regard des bienfaits qu'ils sont susceptibles de vous apporter. Il en va de la télépathie comme de tout art. Seuls quelques livres osent dire, par exemple, que la « pensée positive » ne consiste pas uniquement à pratiquer (mal d'ailleurs) la méthode Coué, mais qu'elle va occasionner dans notre vie une véritable révolution, qui demandera un rude travail d'introspection.

De la même manière, nous affirmons ici deux vérités premières :

- 1) la télépathie n'est pas uniquement le fait d'une « élite de médiums », définition qui ne convient pas d'ailleurs tout à fait au bon émetteur mais peut être pratiquée par tous.
- 2) Elle exige une véritable démarche intérieure et un authentique travail sur soi-même, ses pensées, ses émotions, sa volonté, du moins si elle prétend à l'efficacité. Or, c'est précisément là que réside son intérêt principal.

En réalité, la télépathie peut être considérée comme une science mère puisqu'elle est à la source de bon nombre d'opérations occultes. Puisque, comme le démontrent les expériences de Kirlian et de ceux qui l'ont suivi sur cette voie, chacun des composants des divers règnes de la Nature(animal, minéral, végétal, humain) est susceptible d'émettre et de recevoir de l'énergie, que, d'autre part toute énergie est chargée d'informations, l'acte télépathique, dans la perspective que nous avons étudiée, est praticable, de manière volontaire ou involontaire, avec eux. Ainsi peut s'expliquer, par exemple, la main verte ou les pouvoirs du cristal. Dans cette optique, tout objet forgé de main d'homme peut recevoir et émettre les énergies dont on l'a chargé.

Plus que jamais, l'homme possède un devoir de vigilance, et la connaissance que nous avons souhaité transmettre à nos lecteurs ne vise à rien d'autre qu'à amplifier celle-ci, en devenant des êtres ouverts au monde, à l'écoute de ses pulsations intimes.

Permettre à chacun de transmettre, communiquer, de mieux gérer son existence, de vivre ses potentialités latentes et de s'exprimer pleinement, autant sur le plan matériel que sur le plan spirituel, tels sont quelques-uns de ses objectifs.

Nos pensées, mal dirigées, mal canalisées entraînent parfois des désordres graves dans le cours de notre existence. Formulées de manière anarchique et inefficace, elles ne servent qu'à nous enfoncer davantage dans notre frustration de ne pas parvenir à être pleinement, et à assumer harmonieusement notre rôle de co-créateur de l'univers. La théorie du chaos, adoptée par bon nombre de scientifiques, affirme que chaque acte a son importance et possède une répercussion sur l'ensemble de la planète. Si nos actes et nos pensées sont au diapason de nos espérances et d'une certaine forme de sérénité, qui semble difficile en cette fin de siècle mais à laquelle nous espérons avoir quelque peu contribué, il est probable que la Terre ne s'en portera que mieux.

Par-delà les portes de notre inconscient et celle de l'inconscient d'autrui, c'est à l'inconscient collectif que nous ouvre la télépathie, dans lequel elle sème une petite graine d'espérance : celle de voir des êtres pleinement réalisés continuer la chaîne en aidant d'autres êtres humains à se réaliser.

Bouleverser l'image d'Épinal que beaucoup d'entre nous ont de la télépathie était le but initial de ce livre. Car cette science va beaucoup plus loin, aussi bien dans sa portée que dans sa nature même, que ne le peuvent rêver toutes nos philosophies.

Permettre de communiquer d'un plan de réalité à l'autre est l'un des développements les plus stupéfiants de ce livre, mais il est amplement démontré par les expériences moult et moult fois menées. Ces expériences n'eurent d'ailleurs (ainsi que la télépathie sensorielle, qui est l'un des fondements de ce livre) que peu ou prou l'honneur de transmissions écrites, étant la plupart du temps enseignées de manière orale. « Si les vœux étaient des poissons, nous lancerions tous des filets », écrivait l'écrivain de science-fiction Franck Herbert dans son monumental ouvrage « Dune ». Or, c'est par essence ce qu'ils sont, et ce livre n'aspire à rien d'autre qu'à vous communiquer les meilleures techniques de pêche. Avant d'être réalités concrètes, les faits préexistent sur le plan vibratoire, comme en possèdent depuis longtemps l'intuition les chercheurs d'avant-garde de la physique quantique. Pousser cette pré-existence à devenir concrètes et « réelles » est l'un des « miracles » permis par la télépathie. En connaître les mécanismes permet, de plus, d'échapper judicieusement à toute forme d'influence nocive, qu'elle vienne d'autrui ou de vous-même. « Il n'est qu'un seul péché, affirmait Vivekananda, la faiblesse. N'ajoute pas cette folie à ce qui va venir ». La télépathie demeure une fabuleuse école de la volonté. Avant d'être un moyen d'influencer autrui, elle est avant tout pouvoir sur soi-même. D'ailleurs, elle féconde l'événement davantage qu'elle ne le force, en poussant autrui à rompre les amarres qui l'empêchent d'accéder à ce qui doit être. Plus vous progresserez dans cet art de vivre, moins vous serez d'ailleurs tenté par ce qu'on pourrait appeler « l'acte gratuit », autrement dit d'éprouver votre pouvoir, votre domination sur l'autre. Vouloir éloigner une personne de ses aspirations profondes, la faire aller à l'inverse du sens de son existence comporte, comme en magie, son choc en retour. Sans doute y parviendrez-vous, mais à quel prix ! Le karma, en Inde, ne concerne pas la seule et unique réincarnation mais l'ensemble de notre existence. On peut dire que ce prix est de nature karmique, autrement dit la seule cause (purement matérielle) de ce que vous avez engendré. Convaincre un patron, par télépathie, que votre place réelle est dans un domaine dont vous ne possédez pas les compétences n'est pas sans conséquence… de même que projeter une situation amoureuse que vous n'êtes pas capable d'assumer… ou avec une personne que vous ne pouvez (ou qui ne peut) en aucun cas épanouir. Le prix se trouve purement et simplement dans les répercussions de ce que vous aurez déclenché. Aussi renoncerez-vous vite aux tentations de l'apprenti sorcier pour mieux vous consacrer à l'essentiel : ce qui va vers l'ouverture, la croissance et l'harmonie dans laquelle émetteur et récepteur trouveront plus que largement leur compte. D'ailleurs, une pratique régulière de la télépathie vous donnera les moyens de penser juste, clair et rapide, rendant plus lumineuse la route que vous aurez choisie et pour laquelle « vous êtes choisi ». Nous espérons que vous aurez tiré de cette lecture tout le profit nécessaire à votre évolution, sur quelque plan que se situe cette dernière.

TABLE DES MATIÈRES

Impression : EUROPE MEDIA DUPLICATION S.A.
F 53110 Lassay-les-Châteaux
N° 6081/6777 - Dépôt légal : Décembre 1998